So sparen Sie Steuern

Die Steuerabzüge
für Angestellte
und Selbständige.
Die wichtigsten Tipps
zum Steuernsparen.

K-Tipp RATGEBER

Der Autor

Fredy Hämmerli, lic. phil., ist Geschäftsführer der Swisscontent Corp., Zürich. Zuvor war er als Redaktor und in leitender Funktion bei verschiedenen Schweizer Medien tätig, u.a. bei Bilanz, Berner Zeitung, Cash, Bund, K-Tipp und K-Geld.

© Konsumenteninfo AG, Zürich
Alle Rechte vorbehalten
12. Auflage, Januar 2008

Autor: Fredy Hämmerli
Produktion: Barbara Jud
Layout: Ruedi Lötscher
Korrektorat: Heinz Zollinger, Denise Bourdin
Druck: Druckerei Flawil AG, 9230 Flawil

Bestelladresse:
K-Tipp-Ratgeber
Postfach 431 ·
8024 Zürich
ratgeber@ktipp.ch
www.ktipp.ch

ISBN 978-3-906774-35-0

Vorwort

Steuergesetze: Nur Profis blicken durch

Die Schweiz zählt 26 Kantone und ebenso viele Steuergesetze. Und natürlich hat auch die Eidgenossenschaft ihre eigenen Fiskalgesetze. Bund, Kantone, Gemeinden und in den meisten Kantonen auch die grossen Kirchen erheben insbesondere Steuern auf das Einkommen; Kantone und Gemeinden auch auf das Vermögen. Daneben sehen sich Liegenschaftenbesitzer mit Grundstückgewinn-, Handänderungs- und Liegenschaftssteuern konfrontiert. Fast überall gibt es ausserdem Erbschafts- und Schenkungssteuern. Kein Wunder kennt sich in diesem Dschungel kaum jemand aus, der sich nicht professionell damit beschäftigt.

Dieser Ratgeber behandelt ausschliesslich die wichtigsten direkten Steuern, die Angestellte und Selbständigerwerbende betreffen. Die übrigen Steuern (z.B. die Mehrwertsteuer oder Zölle) bleiben ausgeklammert. Die Steuern der Unternehmen können in diesem Buch nur gestreift werden, zumal sich schon für kleinere Firmen in aller Regel der Beizug eines Steuerberaters rechtfertigt.

Das komplizierte Steuersystem ist die Folge des manchmal überbordenden Schweizer Föderalismus. Immerhin haben der Bund und die Kantone das Steuerrecht inzwischen harmonisiert. Erfolgt ist damit aber lediglich eine formale Angleichung. Die Höhe der Abzüge und insbesondere die Höhe der Steuerbelastung sind weiterhin Sache der Kantone und Gemeinden. Die massiven Steuerunterschiede wurden nicht aus der Welt geschafft. So zahlt eine steuerpflichtige Person im Kanton Jura nach wie vor das Zweieinhalbfache eines Zugers.

Dass der Staat Steuereinnahmen braucht, um seine Aufgaben erfüllen zu können, ist nicht bestritten. Wie das fairste und gerechteste Steuersystem aussieht, ist aber nach wie vor Gegenstand heisser Diskussionen. Der verfassungsmässige Grundsatz, dass jeder nach seiner Leistungsfähigkeit besteuert werden soll, ist noch nicht umgesetzt. Das zeigen die Auseinandersetzungen um die gewaltigen Steuerdifferenzen in der Schweiz, um degressive Tarife, Flat Tax, die ungleichen Erbschaftssteuern oder die steuerfreien Kapitalgewinne.

Deshalb ist es sicherlich keinem Steuerpflichtigen zu verübeln, wenn er die legalen Mittel wahrnimmt, um seine Steuern so tief wie möglich zu halten. Dieser Ratgeber soll dabei behilflich sein.

Fredy Hämmerli, Januar 2008

Inhalt

4

Steuern auf das Einkommen
Diese Einkünfte müssen Sie versteuern

Je mehr Einkommen, desto höher die Steuern. Das bekommen verheiratete Doppelverdiener besonders hart zu spüren. Und: Nicht allein der Nettolohn ist massgebend, auch andere Einkünfte sind steuerpflichtig.

Drei Viertel aller Steuerpflichtigen in der Schweiz sind Arbeiter, Angestellte oder Beamte. Als Basis für das steuerbare Einkommen dient der Lohnausweis, den Sie vom Arbeitgeber erhalten. Seit dem Jahr 2007 ist das ein ausgeklügeltes Formular, in das detaillierte Angaben einzutragen sind (siehe Seite 9).

Sie müssen den Lohnausweis der Steuererklärung im Original beilegen, sofern dies nicht durch den Arbeitgeber direkt erfolgt ist. Wer in einem Jahr bei mehreren Arbeitgebern tätig war, muss von allen einen Lohnausweis einholen.

Bestehen zeitliche Lücken in der Erwerbstätigkeit, so sind diese ausdrücklich zu bezeichnen, damit nicht der Eindruck entsteht,

man habe vergessen, einen Lohnausweis beizulegen.

Wichtig: Steuerpflichtig ist der Nettolohn (also nach Abzug aller Sozialversicherungsbeiträge) und nicht etwa der Bruttolohn. Auch nicht erwerbstätige Rentenbezüger sowie AHV-pflichtige Ehefrauen von bereits pensionierten Männern dürfen ihre AHV-Beiträge vom Einkommen abziehen.

Zur Berechnung des steuerbaren Einkommens kommt heute beim Bund und in allen Kantonen die Gegenwartsbesteuerung zur Anwendung. Die Steuern zahlt man also nicht mehr wie früher auf eine zurückliegende Steuerperiode, sondern für das laufende Jahr.

Was auch noch zum steuerbaren Einkommen zählt

Nicht nur was auf dem Lohnausweis auftaucht, ist steuerbares Einkommen. Steuerpflichtig sind auch sämtliche **Nebeneinkünfte**, zum Beispiel für das morgendliche Zeitungsaustragen oder für den Posten als Hausabwart. Immerhin dürfen Sie auch vom Nebenerwerb die Berufsauslagen abziehen (siehe Seite 32).

Familien- und Kinderzulagen (siehe Seite 23) gehören ebenso zum steuerpflichtigen Einkommen wie **Provisionen, Sitzungsgelder, Tantiemen, Trinkgelder etc.** Kann das Personal im Gastgewerbe beim Arbeitgeber gratis oder verbilligt wohnen und essen, muss es sich auch diese «Naturaleinkünfte» in Franken und Rappen als Einkommen anrechnen lassen.

Lotteriegewinne (auch im Ausland erzielte) sind in allen Kantonen steuerpflichtig. Der Bund und die meisten Kantone zählen Lottogewinne einfach zum Einkommen. Damit unterliegen sie der höchsten Progressionsstufe (siehe Seite 19 ff.). Die Verrechnungssteuer kann man zurückfordern.

Ausnahmen machen BE, JU, SZ, TI und VS. Sie erheben auf Lotteriegewinne eine separate Jahressteuer. Einige Kantone kennen Freigrenzen: BE und VS 5000, JU 4000 und AG 1000 Franken.

Als Einkommen zu versteuern sind ausserdem **Kapitalerträge** von Konten, Wertschriften etc. (siehe Seite 60 ff.) sowie die **Einnahmen** oder der **Eigenmietwert von Liegenschaften** (Seite 80 ff.).

Nur wenige Einkünfte sind steuerfrei

Zur Berechnung des steuerbaren Einkommens sind bei allen natürlichen Personen (siehe Kasten Seite 6) ausser dem Arbeitseinkommen auch die Kapitalerträge (siehe Seite 60 ff.) sowie die Einnahmen oder der Eigenmietwert aus Liegenschaften (siehe Seite 80 ff.) zu verbuchen. Steuerfrei sind nur einige wenige Einkünfte:

■ Lohn-Nebenleistungen – auch «Fringe Benefits» genannt (siehe Seite 8 ff.) – sowie Pauschalspesen (siehe Seite 11 f.), soweit sie nicht in Tat und Wahrheit verstecktes Einkommen darstellen

■ Kapitalgewinne auf Wertpapieren und privaten Sammelobjekten (siehe Seiten 60 ff. und 74)

■ Erlös aus Bezugsrechten von Aktien (Seite 13)

■ Auszahlung von Kapitalversicherungen unter gewissen Bedingungen (siehe Seite 66 ff.)

■ die Ergänzungsleistungen der AHV und IV (siehe Seite 46 ff.)

■ Stipendien

■ Abfindungs- und Genugtuungsleistungen (siehe Seite 59)

■ Renten sind in vielen Fällen zu einem reduzierten Satz steuerpflichtig (siehe Seite 46 ff.).

- Sold für Militär- und Zivildienst
- die meisten Subventionen (nicht aber die Direktzahlungen in der Landwirtschaft)
- Unterstützungs- und Unterhaltsleistungen durch Familienangehörige sowie familienrechtliche Verpflichtungen, nicht aber Alimente (siehe Seite 46 und Seite 59)
- Erbschaften und Schenkungen (siehe Seite 108 ff.) sowie Gewinne aus Immobiliengeschäften (siehe Seite 90 ff.) unterliegen für Private zwar nicht der Einkommenssteuer, der Fiskus schöpft sie aber anderweitig ab.
- Unterkunft und Verpflegung sowie das Taschengeld (also die sogenannten Naturaleinkünfte), die ein Konkubinatspartner für die Besorgung des Haushalts erhält, stellen kein steuerbares Einkommen mehr dar. Aufgrund des neuen Eherechtes ist diese Praxis nicht mehr gerechtfertigt.

FRAGE

Ist die Vorzugsmiete steuerpflichtig?

Als Entschädigung für die Arbeit als Hauswart in unserem Wohnblock erhalten wir eine Mietzinsreduktion von 600 Franken im Monat. Müssen wir dies als Einkommen versteuern?

Ja. Die Hauswartung ist ein normales Nebeneinkommen. Ob der Lohn mit dem Mietzins verrechnet oder separat ausbezahlt wird, ist unerheblich. Dafür dürfen Sie aber auch die normalen Berufsauslagen geltend machen.

Nebenleistungen: Oft an der Grenze der Legalität

Das Geschäftsauto für private Zwecke, Reisevergütung auch für die Ehefrau, Prämienbeiträge an private Versicherungen... Viele Unternehmen zeigen sich durchaus kreativ, wenn es darum geht, ihre leitenden Angestellten und das Management zu verwöhnen (siehe Kasten Seite 11). Das spart dem Kadermitglied Steuern (wohlgemerkt zum Grenztarif) und Sozialversicherungsabgaben. Und das Unternehmen profitiert ebenfalls davon, weil es weniger AHV, IV, UVG etc. und Pensionskassengelder abführen muss.

Schluss mit steuerfreien Privilegien

Das Ganze spielt im Graubereich der Legalität, weil man solche lukrativen Nebenleistungen genau genommen zum Einkommen zählen müsste. Im neuen Lohnausweis, der ab 2008 in allen Kantonen einheitlich zum Einsatz kommt, ist detailliert aufzulisten, was an (steuerpflichtigen) Nebenleistungen hinzugekommen ist. Das geht von Essens- oder Wohnbeiträgen bis zur Mitbenutzung des Geschäftsautos und von Weiterbildungsbeiträgen bis zu Pauschalspesen (siehe Muster rechts).

Grundsätzlich sind nun alle Lohnnebenleistungen aufzuführen und als Einkommen zu versteuern, die nicht explizit davon ausge-

Fortsetzung auf Seite 10

A ☒ **Lohnausweis – Certificat de salaire – Certificato di salario**

B **Rentenbescheinigung – Attestation de rentes – Attestazione delle rendite**

C 555.55.555.555   F Unentgeltliche Beförderung zwischen Wohn- und Arbeitsort / Transport gratuit entre le domicile et le lieu de travail / Trasporto gratuito dal domicilio al luogo di lavoro

AHV-Nr. – No AVS – N. AVS   Neue AHV-Nr. – Nouveau No AVS – Nuovo N. AVS

D 2007   E 1.1.2007   31.12.2007   G ☒ Kantinenverpflegung / Lunch-Checks / Repas à la cantine / chèques-repas / Pasti alla mensa / buoni pasto

Jahr – Année – Anno   von – du – dal   bis – au – al

H

Felix Muster

Primelstrasse 100

9999 Auwilen

		CHF
1. Lohn soweit nicht unter Ziffer 2–7 aufzuführen / Rente Salaire qui ne concerne pas les chiffres 2 à 7 ci-dessous / Rente Salario se non da indicare sotto cifre da 2 a 7 più sotto / Rendita		81.600
2. Gehaltsnebenleistungen **2.1** Verpflegung, Unterkunft – Pension, logement – Vitto, alloggio Prestations salariales accessoires Prestazioni accessorie al salario	+	0
2.2 Privatanteil Geschäftswagen – Part privée voiture de service – Quota privata automobile di servizio	+	2.880
2.3 Andere – Autres – Altre Art – Genre – Genere	+	0
3. Unregelmässige Leistungen – Prestations non périodiques – Prestazioni aperiodiche Art – Genre – Genere	+	0
4. Kapitalleistungen – Prestations en capital – Prestazioni in capitale Art – Genre – Genere	+	0
5. Beteiligungsrechte gemäss Beiblatt – Droits de participation selon annexe – Diritti di partecipazione secondo allegato	+	0
6. Verwaltungsratsentschädigungen – Indemnités des membres de l'administration – Indennità dei membri di consigli d'amministrazione	+	0
7. Andere Leistungen – Autres prestations – Altre prestazioni Art – Genre – Genere	+	0
8. Bruttolohn total / Rente – Salaire brut total / Rente – Salario lordo totale / Rendita	=	84.480
9. Beiträge AHV/IV/EO/ALV/NBUV – Cotisations AVS/AI/APG/AC/AANP – Contributi AVS/AI/IPG/AD/AINP	–	5.745
10. Berufliche Vorsorge 2. Säule **10.1** Ordentliche Beiträge – Cotisations ordinaires – Contributi ordinari Prévoyance professionnelle 2e pilier Previdenza professionale 2° pilastro	–	4.055
10.2 Beiträge für den Einkauf – Cotisations pour le rachat – Contributi per il riscatto	–	0
11. Nettolohn / Rente – Salaire net / Rente – Salario netto / Rendita ➡	=	74.680
In die Steuererklärung übertragen – A reporter sur la déclaration d'impôt – Da riportare nella dichiarazione d'imposta		
12. Quellensteuerabzug – Retenue de l'impôt à la source – Ritenuta d'imposta alla fonte		0
13. Spesenvergütungen – Allocations pour frais – Indennità per spese Nicht im Bruttolohn (gemäss Ziffer 8) enthalten – Non comprises dans le salaire brut (au chiffre 8) – Non comprese nel salario lordo (sotto cifra 8)		
13.1 Effektive Spesen **13.1.1** Reise, Verpflegung, Übernachtung – Voyage, repas, nuitées – Viaggio, vitto, alloggio ☒		0
Frais effectifs **13.1.2** Übrige – Autres – Altre Spese effettive Art – Genre – Genere		0
13.2 Pauschalspesen **13.2.1** Repräsentation – Représentation – Rappresentanza		3.600
Frais forfaitaires Spese forfettarie **13.2.2** Auto – Voiture – Automobile		0
13.2.3 Übrige – Autres – Altre Art – Genre – Genere		0
13.3 Beiträge an die Weiterbildung – Contributions au perfectionnement – Contributi per il perfezionamento		0

14. Weitere Gehaltsnebenleistungen Art
Autres prestations salariales accessoires Genre
Altre prestazioni accessorie al salario Genere

15. Bemerkungen
Observations
Osservazioni

I Ort und Datum – Lieu et date – Luogo e data   Die Richtigkeit und Vollständigkeit bestätigt inkl. genauer Anschrift und Telefonnummer des Arbeitgebers

Auwilen, 15. Januar 2008   Certifié exact et complet y.c. adresse et numéro de téléphone exacts de l'employeur
Certificato esatto e completo compresi indirizzo e numero di telefono esatti del datore di lavoro

605.040.18 Form. 11 (25.8.2006)

Fortsetzung von Seite 8

nommen sind. Unter die Ausnahmebestimmungen fallen

■ ausbezahlte Spesen, soweit ein kantonal genehmigtes Spesenreglement besteht und die darin aufgeführten Richtwerte nicht überschritten werden (siehe Seite 11 f.)

■ branchenübliche Rabatte auf Waren für den Eigenbedarf

■ kostenlos abgegebene SBB-Halbtaxabonnemente

■ Reka-Checks, soweit die Vergünstigung 600 Franken jährlich nicht übersteigt

■ übliche Weihnachts-, Geburtstags- und ähnliche Naturalgeschenke bis 500 Franken pro Ereignis (auch in Form von Reka-Checks), nicht aber als Bargeld

■ die private Nutzung von Arbeitswerkzeugen wie Handy, Computer, Fax usw.

■ die Gutschrift von Flugmeilen

■ Beiträge an Vereins- und Klubmitgliedschaften bis 1000 Franken und unbeschränkt an Fachverbände

■ Eintrittskarten für kulturelle und sportliche Anlässe bis 500 Franken pro Ereignis

■ Reisekosten für den begleitenden Ehegatten oder den Partner

■ Beiträge an Kinderkrippen zur Verbilligung der Krippenplätze für Arbeitnehmer

■ Gratisparkplatz am Arbeitsort

■ die Kosten für ärztliche Vorsorgeuntersuchungen auf Verlangen des Arbeitgebers oder der Pensionskasse

■ Aus- und Weiterbildungskosten, soweit sie 12 000 Franken pro Jahr und Einzelfall nicht überschreiten (siehe auch Seite 34 f.)

Geschäftsauto: Private Nutzung ist nicht steuerfrei

Als deklarationspflichtig gelten insbesondere das SBB-Generalabonnement, wenn keine geschäftliche Notwendigkeit dafür besteht, die Mitgliederbeiträge für den Fitness- und Golfclub sowie das Geschäftsauto, das auch privat benutzt werden darf. Dafür muss man eine monatliche Pauschale von 0,8 Prozent des Kaufpreises als Einkommen versteuern. Bisher waren jährlich 2000 Franken pauschal üblich.

Bei Luxusautos mit einem Katalogpreis über 80 000 Franken erhöht sich der Privatanteil pro 10 000 Franken um ein weiteres Prozent im Jahr.

Innerhalb von nur fünf Jahren finanziert der Mitarbeiter oder Firmeninhaber das Geschäftsauto also privat zu 50 Prozent. Da kann es günstiger sein, das Privatauto auch für Geschäftszwecke zu nutzen und sich dafür 70 Rappen pro Kilometer gutschreiben zu lassen – steuerfrei.

TIPP

Lohnausweis immer kontrollieren

Nicht jeder Arbeitgeber ist auch ein seriöser Personalverwalter. Kontrollieren Sie deshalb, ob auf dem Lohnausweis nicht nur der Lohn (inkl. Gratifikation, 13. Monatslohn, Zulagen), sondern auch die Sozialabzüge (AHV/IV/EO/ALV/NBU und Pensionskasse) korrekt ausgewiesen sind. Spesenvergütungen (z. B. für den Arbeitsweg oder Mahlzeitenentschädigung) müssen separat aufgeführt sein (Muster Seite 9).

Viele Unternehmen richten für ihre Spitzenleute Kaderversicherungen («Bel Etage») ein. Sie sind steuerlich analog der Pensionskasse abzugsfähig, soweit sie nicht nur einzelnen Mitarbeitern, sondern ganzen Kaderstufen zugute kommen (siehe Seite 51).

Äusserst beliebt sind auch die Pauschalspesen, von denen Kaderleute profitieren können. Die Unternehmen richten sie neben den effektiven, periodisch vergüteten Auslagen (z. B. für Reisen, auswärtiges Essen oder Übernachtungen) aus. In der Regel handelt es sich um Beträge von 200 bis 500 Franken im Monat. Topverdiener kommen aber locker auf Pauschalspesen von 1000 bis 2000 Franken.

Besonders grosszügig zeigt sich der Kanton Genf, wo der Fiskus bis zu einem Jahreseinkommen von 250 000 Franken 5 Prozent und darüber sogar 10 Prozent als Spesenpauschale akzeptiert (maximal 100 000 Franken).

Fringe Benefits: Vom Fitness-Abonnement bis zum Bildungsurlaub auf Geschäftskosten

Gehaltsnebenleistungen, in der Managersprache «Fringe Benefits» genannt, gibt es in den vielfältigsten Formen. Die Verhältnismässigkeit muss jedoch gewahrt bleiben, sonst müssen sie im neuen Lohnausweis als steuerpflichtige Gehaltsnebenleistungen ausgewiesen werden. Beispiele:

- Privatparkplatz oder -garage
- Privatreisen (eventuell inklusive Begleitung)
- Weitergabe von Meilengutscheinen für Vielflieger
- Beiträge an Versicherungsprämien
- Mietshaus oder Mietwohnung zum Vorzugspreis
- Übernahme von Zügelkosten
- Gratisferien im firmeneigenen Gästehaus
- Zinsgünstige oder zinsfreie Kredite
- Höhere Verzinsung von Einlagen als bei Banken üblich
- Übernahme von Schulgeldern
- Bezahlung von privaten Kurskosten (Sprachen, Fahrschule, Hobbys etc.)
- Abonnemente auf Zeitungen und Zeitschriften
- Private Nutzung des Geschäfts-Handys
- Zuschüsse an private Telefon-, Fax-, Internetanschlüsse
- Mitgliederbeiträge für Sport-, Fitness- oder Serviceclubs (z.B. Rotary, Lions etc.)
- Gratisabgabe von Eintrittskarten für Kultur- oder Sportveranstaltungen
- Firmenkreditkarte
- Essensgutscheine
- Verbilligter Bezug von Firmenwaren
- Zusätzliche bezahlte Ferientage oder Bildungsurlaub
- Vorzeitige Pensionierung mit vollen Leistungen
- Sekretariat für private Aktivitäten (Militär, politische Ämter, Vereine etc.)

Diese Aufwendungen decken Pauschalspesen ab

Die Pauschalspesen sollten im Arbeitsvertrag genau umschrieben sein, um Probleme mit den Steuerbehörden möglichst zu vermeiden. Die Spesenpauschale deckt in der Regel folgende Aufwendungen ab:

- Öffentliche Verkehrsmittel (Tram, Bahn, Taxi)
- Privatfahrzeug (Bereitstellung, Garagenanteil, Versicherungen, Parkgebühren)
- Geschäftsgespräche vom Privattelefon aus
- Private Büroeinrichtung zu Hause
- Fachliteratur, Zeitungen und Zeitschriften
- Weiterbildungskurse
- Beiträge an Fach- und Berufsorganisationen
- Repräsentationsaufwand (Kleider, Geschenke, Einladungen von Kunden etc.)
- Gesellschaftliche oder politische Aktivitäten
- Private Einkäufe bei Geschäftspartnern

Der Steuerpflichtige sollte sämtliche Belege aufbewahren, um gegebenenfalls der Steuerbehörde seinen Aufwand glaubhaft machen zu können. In den meisten Kantonen müssen diese Unterlagen sogar in jedem Fall vorgelegt werden. Ohne Beleg akzeptieren sie keine Pauschalspesen.

Die geschäftsbedingten Aufwendungen, die damit pauschal abgegolten sein sollen, müssen aber glaubhaft belegt sein, damit das Steueramt solche Vergütungen nicht teilweise oder vollständig zum Einkommen hinzurechnet. Am wenigsten Probleme gibt es, wenn man lediglich Kleinspesen – z. B. bis 20 oder 50 Franken – über die Pauschalspesen abdecken muss.

Mit Vorteil lässt sich das Unternehmen sein Spesenreglement von den Steuerbehörden genehmigen. Ist das Reglement einmal in einem Kanton genehmigt, so halten sich zumindest alle 18 Deutschschweizer Kantone auch daran (Konkordat).

Klar ist, dass man sich Spesen nicht doppelt oder gar mehrfach vergüten lassen darf: zum Beispiel Zeitungsabos als Lohnnebenleistung, belegten Spesenaufwand über Pauschalspesen und auch noch als Gewinnungskosten (Seite 28 ff.) abbuchen; Kurse über Spesen und zusätzlich als Abzug unter Weiterbildungskosten...

Weil diese Regelungen häufig zu Missbrauch führen, ist der Kanton Schwyz dazu übergegangen, Spesenpauschalen nur noch in Prozenten des Lohns (5 bis 10 Prozent des Gehalts) zuzulassen.

Aktionäre dürfen ihre Firma nicht steuerfrei plündern

Immer häufiger erhalten die Angestellten einer Firma die Möglichkeit, Aktien des eigenen Unternehmens zu Vorzugskonditionen zu beziehen. Solche Aktienbezüge sind steuerlich besonders geregelt. Sie sollten sie darum genau anschauen, damit Ihnen unter dem Strich (bei einer eventuellen späteren Wertsteigerung der Aktien) tatsächlich ein Steuervorteil bleibt (Details im Kasten unten).

Aktionäre dürfen ihre Firma nicht einfach steuerfrei plündern. Langen sie bei den Nebenleistungen zu kräftig zu, betrachten die Steuerbehörden dies als verdeck-

te und somit steuerpflichtige Gewinnausschüttung. Dazu gehören auch Darlehen zu so vorteilhaften Konditionen, wie sie die Firma wohl keinem Dritten gewähren würde (tiefer Zinssatz, sehr lange Laufzeit, Aufstockung des Darlehens durch Umwandlung der Zinsschulden etc.).

Gratisaktien für Mitarbeiter:
Goldene Fessel oder lukrative Kapitalanlage?

Gratisaktien sind ein zweischneidiges Schwert: Entweder man darf sie frei nutzen, dann sind sie voll steuerpflichtig, oder sie sind auf Jahre hinaus goldene Fesseln.

Darf man **Mitarbeiteraktien frei veräussern,** so unterliegt die Differenz zwischen dem Bezugspreis und dem Börsenwert der Aktie zu 100 Prozent der Einkommenssteuer. In den Kantonen BL, BS, GE, GR, LU, OW, SG, TG, UR und ZH sind Gratisaktien steuerfrei. AI, AR und NW besteuern die Aktienerträge von Gesellschaften mit Sitz im Kanton nicht (hingegen ziehen sie sie für die Bestimmung des Progressionssatzes bei).

Gebundene Mitarbeiteraktien unterliegen dagegen einer meist jahrelangen **Sperrfrist** oder Sie müssen sie bei vorzeitigem Firmenaustritt zurückerstatten. Im Fall einer Sperrfrist verringert sich die Differenz zwischen Bezugspreis und Börsenwert für jedes Jahr um 10 Prozent (sogenannte Diskontierung; maximal zehn Jahre lang). Der entsprechende Wert ist im Lohnausweis zu vermerken.

Bei einer fünfjährigen Sperrfrist sind noch 74,726 Prozent des aktuellen Kurses zu versteuern; bei zehn Jahren Sperrfrist sind es noch

55,839 Prozent (Kreisschreiben 5 der Eidgenössischen Steuerverwaltung von 1997).

Um diese Steuer zu vermeiden, sind viele Firmen dazu übergegangen, statt Aktien sogenannte Stock Optionen an ihr Kader auszugeben. Dies sind Kaufrechte für Aktien der eigenen Firma, die normalerweise nach einem Jahr, spätestens aber nach zehn Jahren ausgeübt werden müssen.

Der Aktienkaufpreis ist festgelegt und entspricht in der Regel dem Aktienkurs bei Ausgabe der Stock Option. Steigt nun die Aktie, so kostet das die Firma gar nichts, der Mitarbeiter profitiert dagegen vom **steuerfreien Kursgewinn.** Und dies, ohne dass er selbst Geld investieren musste. Der Staat besteuert einzig den ursprünglichen Wert der Option zuzüglich AHV. Dies geschieht – im Gegensatz zu früher – aber bereits bei der Ausgabe der Optionen bzw. nach Ablauf einer allfälligen Sperrfrist. Das kann zu einem bösen Erwachen führen, wenn die Optionen dereinst wertlos verfallen sollten, weil die Aktienkurse inzwischen gesunken statt wie erwartet gestiegen sind. Einige Kantone wollen deshalb zur alten Regelung zurückkehren.

Doppelverdiener: Abzüge und Sondertarif mildern Nachteile für Ehepaare

Doppelverdiener dürfen bei der Bundessteuer vom tieferen Einkommen der beiden Ehegatten 7000 Franken abziehen (Tabelle Seite 16). Wenn das Zweiteinkommen tiefer liegt als dieser Maximalbetrag, so ist es zwar ebenfalls deklarationspflichtig, aber trotzdem vollständig steuerfrei.

Einen Verheiratetenabzug lassen OW und VS zu. Zusätzlich zum Verheiratetenabzug kennen BS, BE, GE, GR, SH, SZ, TG, UR und ZG den Doppeltarif. Nur einen Doppeltarif wenden der Bund und die Kantone AG, AI, AR, BL, FR, GL, JU, LU, NE, NW, SG, SO, TI, VD und ZH an.

VD geht hier noch einen Schritt weiter und berücksichtigt bei den Splitting-Abzügen auch die Kinderzahl (Besteuerung nach Konsumeinheiten). So teilt man zum Beispiel das steuerbare Einkommen einer Waadtländer Familie mit zwei Kindern von 100 000 Franken durch den Faktor 2,8 (1,8 für das verheiratete Elternpaar, je 0,5 für die Kinder). Das Einkommen wird folglich nur zum Progressionssatz von 35 700 Franken besteuert.

In allen übrigen Fällen ist der «Zweiverdiener-Abzug» (Tabelle Seite 16) ein Ausgleich für die höheren Haushaltskosten von Doppelverdienern und für die stärkere Progression vor allem bei der direkten Bundessteuer, unter der Eheleute gegenüber Konkubinatspaaren zu leiden haben, weil der Fiskus beide Einkommen – unabhängig vom Güterstand – zusammenzählt.

Der Ehegattentarif stellt ebenfalls einen Ausgleich für die steuerliche Mehrbelastung von verheirateten Doppelverdienern gegenüber Konkubinatspaaren dar.

Nach wie vor benachteiligen der Bund und einzelne Kantone Ehe-

Fortsetzung auf Seite 16

FRAGE

Haben auch Ledige mit Kindern Anspruch auf den günstigeren Verheiratetentarif?

Mein Partner und ich leben unverheiratet zusammen, wir haben aber ein gemeinsames Kind. Er ist voll berufstätig, während ich ein 30-Prozent-Pensum habe und mich daneben um unser Mädchen kümmere. Haben wir auch Anspruch auf den Verheiratetentarif?

Ja. Leben unverheiratete Eltern mit gemeinsamen Kindern im gleichen Haushalt, kann jener Elternteil den günstigeren Verheiratetentarif beanspruchen, der überwiegend für den Unterhalt der Kinder aufkommt. Im vorliegenden Fall also Ihr Partner. Dies hat das Bundesgericht im Oktober 2005 definitiv entschieden. Auch verwitwete, geschiedene, getrennt lebende, oder ledige Steuerpflichtige erhalten aufgrund des Steuerharmonisierungsgesetzes den Verheiratetentarif. Bedingung ist jedoch, dass sie mit Kindern zusammenleben.

Alleinverdiener zahlen mehr Steuern als doppelt verdienende Ehepaare

Einkommen	Vergleich Alleinverdiener/Doppelverdiener					
Kantonshauptort	50 000 Franken		100 000 Franken		200 000 Franken	
Bund	126	30	1 315	964	9 671	8 354
AG Aarau	1805	1566	8 549	8 240	28 874	28 100
AI Appenzell	2267	2103	7 891	7 597	22 916	21 794
AR Herisau	3370	2705	11 301	10 290	30 824	29 535
BE Bern	2957	2400	12 209	10 252	34 863	31 788
BL Liestal	3141	914	12 233	10 060	36 131	33 533
BS Basel	3370	2937	13 450	12 768	37 306	36 385
FR Freiburg	3365	2938	11 713	11 289	34 180	33 404
GE Genf	1060	702	10 491	9 546	34 554	33 133
GL Glarus	3449	2880	11 666	10 478	32 456	30 667
GR Chur	2119	1580	9 098	7 736	29 993	28 246
JU Delsberg	3377	2363	13 449	12 161	37 637	35 915
LU Luzern	3269	2335	11 235	10 068	ΩΩ30 949	29 461
NE Neuenburg	2255	1860	13 839	13 232	39 368	38 222
NW Stans	2239	2095	9 027	8 848	24 627	23 943
OW Sarnen	3245	2754	9 960	8 720	25 665	24 194
SG St.Gallen	2898	2437	12 069	11 382	36 600	35 460
SH Schaffhausen	3106	2515	11 025	10 449	31 362	30 510
SO Solothurn	3120	2643	12 917	12 399	36 139	35 091
SZ Schwyz	2253	1894	7 448	6 248	21 335	19 823
TG Frauenfeld	1900	1570	10 418	10 185	29 910	29 315
TI Bellinzona	1247	725	8 944	6 858	31 656	28 872
UR Altdorf	3109	2539	10 492	9 383	31 268	28 818
VD Lausanne	2369	1538	12 962	12 392	34 858	33 701
VS Sitten	3172	2114	9 895	8 647	32 852	30 666
ZG Zug	1147	786	5 082	4 437	16 592	15 666
ZH Zürich	2448	1667	8 613	7 553	26 738	24 897

Belastung des Bruttoarbeitseinkommens nach allen Abzügen (2006). Alle Beträge in Franken.

Lesebeispiel: Ein Alleinverdiener mit 100 000 Franken Einkommen zahlt in Bern 12 209 Franken Staats-, Gemeinde- und Kirchensteuern. Verdienen beide Ehepartner je 50 000 Franken, so reduziert sich die Steuerlast auf 10 252 Franken. Hinzu kommen 1315 bzw. 964 Franken Bundessteuern.

Quelle: Eidg. Steuerverwaltung

Doppelverdiener:
Abzüge für Ehepaare

Kanton	Abzug (max. in Franken)
Bund	7600
AG	600
AI	500
AR	2400
BE	8800 [1]
BL	— [2]
BS	1100
FR	500
GE	3640 [3]
GL	5000
GR	3500 [4]
JU	2400
LU	4200
NE	1200
NW	1000
OW	3400
SG	500
SH	800
SO	1000
SZ	2000
TG	—
TI	7200
UR	2000
VD	1600
VS	5770
ZG	4100
ZH	5400

Lesebeispiel: Ein Doppelverdiener-Ehepaar kann im Kanton Zug maximal 4100 Franken vom tieferen Einkommen abziehen.

[1] Vom gesamten Nettoeinkommen beider Eheleute
[2] Dafür Teilsplitting-Abzug von 20 000 Franken
[3] 5200 Franken bei Familieneinkommen unter 52 000 Franken
[4] Nur wenn beide zusammen mehr als 150 % erwerbstätig sind

Fortsetzung von Seite 14

paare gegenüber nicht verheirateten Paaren – und umgekehrt –, obwohl das Bundesgericht bereits 1984 festgehalten hat, dass dies höchstens in sehr bescheidenem Ausmass zulässig sei. So zahlt ein Doppelverdiener-Ehepaar mit je 40 000 Franken Bruttoeinkommen in Lausanne 3738 Franken mehr Steuern als ein Konkubinatspaar mit dem gleichen Einkommen.

Auf der anderen Seite zeigt sich TI besonders ehefreundlich und verlangt von einem verheirateten Paar unter den gleichen Annahmen wegen des günstigeren Ehepaartarifs 991 Franken weniger als von einem Konkubinatspaar (Bellinzona).

Bundessteuern neu mit Bonus für Verheiratete

Verheiratete Doppelverdiener erhalten auf Bundesebene ab 2008 deutliche Steuerermässigungen. Ehepaare, bei denen beide Partner erwerbstätig sind, dürfen neu die Hälfte des niedrigeren Verdienstes vom Einkommen abziehen (maximal aber 12 500, minimal 7600 Franken). Zudem gibts beim Bund einen generellen Abzug für Verheiratete in der Höhe von von 2500 Franken.

Diese Änderungen haben zur Folge, dass verheiratete Doppelverdiener weniger Steuern abliefern müssen als Ledige. Das Parlament wollte offenbar die Heirat belohnen. Eine zivilstandsunabhängige Besteuerung hat sich nicht durchgesetzt.

16

Getrennte Besteuerung: Ehepaare sollen profitieren

Eine radikale Lösung haben die Kantone AG, BL und SG gefunden: das Vollsplitting. Sie halbieren das Einkommen des Ehepaars, egal wie gross der Einkommensanteil von Mann und Frau ist. Nach dieser Hälfte bemisst sich dann der Grenzsteuersatz (siehe Seite 19 f.), aufgrund dessen diese Kantone das ganze Einkommen besteuern. Eineltern familien profitieren dafür von höheren Sozialabzügen.

Weitere Kantone wollen ebenfalls das Vollsplitting einführen. FR, GR, NE, NW, SZ, TG, UR, VD und ZH sind zu einem Teil- bzw. limitierten Splitting übergegangen (siehe Kasten unten).

Splittingmodelle: Getrennte Besteuerung soll Ungerechtigkeiten ausgleichen

Bund und Kantone besteuern Ehepaare gemeinsam. Verdienen beide Ehepartner je 50 000 Franken, so zahlen sie auf ein Einkommen von 100 000 Franken Steuern. Ein Konkubinatspaar in der gleichen Situation zahlt dagegen zweimal auf 50 000 Franken Steuern, was wegen der tieferen Progressionsstufe oft bedeutend weniger ist. Ehepaartarif und Doppelverdiener-Abzug können diese Ungerechtigkeit nur teilweise ausgleichen. Dagegen sollen nun verschiedene Splittingmodelle helfen:

■ **Vollsplitting ohne Wahlrecht:** Ehepaare werden weiterhin gemeinsam besteuert, die Einkommen also zusammengezählt. Neu wird aber das Ehepaar nur zum halben Steuersatz belastet. Wegen der tieferen Progression zahlen Ehepaare so also bedeutend weniger Steuern. Diese Regelung bevorzugt Ehepaare gegenüber Konkubinatspaaren, wenn ein Partner den Grossteil oder das ganze Einkommen verdient.

■ **Vollsplitting mit Wahlrecht:** Dieses Modell räumt Konkubinatspaaren das Recht ein, sich gemeinsam zum halben Tarif besteuern zu lassen. Um Missbrauch zu verhindern, müssen Konkubinatspaare aber nachweisen, dass sie mindestens seit zwei Jahren zusammen- oder mit gemeinsamen Kindern leben. Diese Regelung behandelt Ehe- und Konkubinatspaare gleich.

■ **Teilsplitting:** Dieses Modell berücksichtigt, dass sich mit einem gemeinsamen Haushalt Geld sparen lässt. Darum wird das Einkommen nicht einfach durch zwei geteilt, um den Progressionssatz zu bestimmen. Stattdessen wird es nur durch 1,7 bis 1,9 geteilt, was die Steuereinsparung etwas geringer ausfallen lässt.

■ **Individualbesteuerung:** Dieses Verfahren wenden die meisten Länder an. Auch Ehepaare werden getrennt besteuert, Mann und Frau müssen eine separate Steuererklärung ausfüllen. Die Steuerbehörden fürchten jedoch den Mehraufwand, der damit verbunden wäre.

■ **Familiensplitting:** Auch nach diesem Modell werden alle Erwachsenen einzeln besteuert, Ehe- und Konkubinatspaare können aber von einem Splitting profitieren, solange sie minderjährige Kinder haben. Während dieser Zeit zählt der Fiskus ihr Einkommen zusammen und belastet es lediglich zum halben Steuersatz.

Von der Steuerhölle ins Steuerparadies: Wo sich ein Umzug lohnt

Die Einkommenssteuern sind von Kanton zu Kanton und von Gemeinde zu Gemeinde sehr unterschiedlich (siehe Tabellen Seite 24 bis 26). Für das Bruttoeinkommen von 80 000 Franken zahlt ein Ehepaar ohne Kinder im «Steuerparadies» Walchwil ZG nach allen Abzügen nur 3927 Franken für Kantons-, Gemeinde- und Bundessteuern. In der «Steuerhölle» Noiraigue NE sind es für das gleiche Einkommen mehr als dreimal so viel: Satte 12 055 Franken sind hier an Steuern fällig. Mit einem Wohnortswechsel lassen sich also massiv Steuern sparen.

Doch aufgepasst: Wo man wenig Steuern zahlt, sind in aller Regel die Wohnkosten umso höher. Bei einem Bruttoeinkommen von 80 000 Franken spart man beim Wechsel von Noiraigue NE nach Walchwil ZG zwar gut 8000 Franken. Die Kosten für eine Vier-Zimmer-Wohnung liegen aber monatlich mindestens 1000 Franken höher. Ein Verlustgeschäft.

Anders verhält es sich für Spitzenverdiener: Bei einem Jahreseinkommen von einer Million Franken beträgt die Steuerersparnis bei einem Umzug nach Baar satte 175 000 Franken. Genug, um die schönste Villa zu finanzieren.

Auch für «Normalverdiener» mit einem Bruttoeinkommen von 80 000 Franken ist Walchwil und

Steueroasen in Schwyz und Zug – Steuerhöllen in Bern, Neuenburg und im Jura

Kantons-, Gemeinde- und Bundessteuern 2007 (ohne Kirchensteuer) für Verheiratete ohne Kinder; nach Abzug der Sozialversicherungsabgaben (13,05 %) und aller Pauschalen.

Günstigste Orte für Normalverdiener Bruttoeinkommen 80 000 Franken		Günstigste Orte für Spitzenverdiener Bruttoeinkommen 300 000 Franken	
1. Walchwil ZG	3927	1. Walchwil ZG	52 278
2. Baar ZG	4085	2. Baar ZG	53 733
3. Zug ZG	4127	3. Zug ZG	54 771
4. Wollerau SZ	5555	4. Wollerau SZ	56 611
5. Freienbach SZ	5621	5. Freienbach SZ	57 076

Teuerste Orte für Normalverdiener Bruttoeinkommen 80 000 Franken		Teuerste Orte für Spitzenverdiener Bruttoeinkommen 300 000 Franken	
1. Noiraigue NE	12 055	1. Noiraigue NE	104 672
2. Couvet NE	12 055	2. Couvet NE	104 672
3. Travers NE	11 893	3. Travers NE	103 535
4. St-Brais JU	10 914	4. St-Brais JU	96 576
5. Mallerey BE	10 845	4. Mallerey BE	95 238

Quelle: Eidgenössische Steuerverwaltung

ganz allgemein der Kanton ZG das Steuerparadies schlechthin. Auch SZ wahrt seinen Ruf als Steueroase. Die Steuerhöllen für diese Einkommenskategorie liegen in den Kantonen NE, JU und BE (siehe Kasten Seite 18).

Spitzenverdiener mit 300 000 Franken Jahreseinkommen und mehr kommen am günstigsten weg in den Schwyzer Seegemeinden am oberen Zürichsee und im Kanton Zug. Im Neuenburger Jura sowie im Berner Oberland müssten sie dem Fiskus das Dreifache an Steuern abliefern.

Fast alle Kantone haben in den letzten Jahren Steuern gesenkt oder zumindest die kalte Progression ausgeglichen. AR, SH und OW sind dabei sogar so weit gegangen, dass Spitzenverdiener relativ weniger Einkommenssteuern bezahlen als Normalverdiener. Kantone mit generell hoher Steuerbelastung sind dagegen immer noch UR, FR und JU und bezüglich Einkommenssteuern auch BE.

Die Schweizerische Bundesverfassung kennt übrigens einen Höchstsatz für die direkte Bundessteuer. Er liegt bei 11,5 Prozent. Grenzen der Einkommens- bzw. Vermögensbesteuerung kennen AG, BE, BS, LU und VD.

Progression: Grossverdiener werden am meisten gerupft

Der Bund und fast alle Kantone besteuern hohe Einkommen überproportional stärker als geringere Einkommen. In der Fachsprache heisst das Steuerprogression. Das ist sozial und entspricht dem Grundsatz, dass jeder nach seiner Leistungsfähigkeit besteuert werden soll. Für die ersten paar tausend Franken Ihres Einkommens müssen Sie also viel weniger Steuern abführen als beispielsweise für einen Zusatzverdienst, der zum normalen Lohn dazukommt.

Mit Ausnahme von VD kennen alle Kantone unterschiedliche Tarife für Verheiratete und Ledige, wobei sie Letztere höher belasten, was das Bundesgericht aber für unzulässig befunden hat (siehe Tabellen Seiten 24 bis 26).

Bei höheren Einkommen kann der Grenzsteuersatz, also die Ab-

Fortsetzung auf Seite 21

STICHWORT

Grenzsteuersatz

Der Grenzsteuersatz ist die höchste Progressionsstufe, die ein steuerbares Einkommen gerade noch erreicht. Im Kanton BE sind das 15 % bei einem Jahreseinkommen von 30 000 Franken. Bei 50 000 Franken gehen von jedem zusätzlich verdienten Franken bereits 20 Prozent (also 20 Rappen) an den Fiskus, bei 100 000 Franken sind es sogar 25 Prozent – die direkte Bundessteuer noch nicht einmal eingerechnet.

Somit meint der Grenzsteuersatz jene Rate, mit der der Fiskus jeden zusätzlich verdienten Einkommensfranken besteuert. Je höher der Grenzsteuersatz, desto grösser der Steuerspareffekt, wenn man das steuerbare Einkommen mit gezielten Massnahmen reduzieren kann.

Grenzsteuerbelastung: Im Kanton Zug für alle Einkommensschichten am günstigsten

Kantons-hauptort	Einkommen in Franken		
	50 000–60 000	100 000–150 000	200 000–300 000
Bund	2,4	7,2	11,9
AG Aarau	17,6	22,5	24,1
AI Appenzell	13,3	15,7	14,2
AR Herisau	17,1	20,2	20,8
BE Bern	19,6	22,4	25,8
BL Liestal	20,1	25,8	25,7
BS Basel	22,7	23,8	26,2
FR Freiburg	20,8	24,9	24,7
GE Genf	20,7	24,2	27,1
GL Glarus	15,7	21,3	23,4
GR Chur	17,9	20,1	20,8
JU Delsberg	21,8	28,2	29,4
LU Luzern	17,5	19,4	21,6
NE Neuenburg	24,2	27,2	25,5
NW Stans	14,8	15,0	15,2
OW Sarnen	15,3	15,7	15,7
SG St. Gallen	21,4	26,9	26,5
SH Schaffhausen	18,6	22,4	25,0
SO Solothurn	20,3	25,6	28,3
SZ Schwyz	12,2	14,3	13,9
TG Frauenfeld	17,9	21,2	23,3
TI Bellinzona	18,5	23,1	24,9
UR Altdorf	16,3	21,2	21,8
VD Lausanne	**27,8**	25,3	**30,7**
VS Sitten	19,3	**28,9**	24,7
ZG Zug	**9,8**	**13,1**	**11,2**
ZH Zürich	14,0	19,8	25,7

Lesebeispiel: In Frauenfeld TG zahlt ein lediger Steuerpflichtiger auf jene Teile seines Einkommens, die zwischen 100 000 und 150 000 Franken liegen, 21,2 Prozent für Staats- und Gemeindesteuern.

Grenzsteuerbelastung (Staats-, Gemeinde- und Kirchensteuer) in Prozent des Bruttoarbeitseinkommens (in Franken, Lediger, 2006). Fett hervorgehobene Zahlen: höchste und tiefste Werte.

Quelle: Eidg. Steuerverwaltung

Fortsetzung von Seite 19

gabe auf die letzten paar tausend Franken, über 40 Prozent liegen (direkte Bundes-, Staats-, Gemeinde- und Kirchensteuer zusammengerechnet). Es gilt darum in erster Linie, den Grenzsteuersatz zu senken. Aber auch dieser schwankt je nach Ort sehr stark (siehe Tabelle links).

Das Steuerrecht zeigt auch bei Personen mit sehr bescheidenem Einkommen (z. B. Arbeitslose, Behinderte) keine Gnade. Steuerbares Einkommen, also Einkommen nach allen erlaubten Abzügen und Steuerfreibeträgen, ist vom ersten Franken an steuerpflichtig. Eine Freigrenze, etwa in der Höhe des gesetzlichen Existenzminimums, gibt es nicht. Dies hat das Bundesgericht im Mai 1996 gleich in zwei Fällen festgehalten.

In vielen Kantonen setzt der Steuertarif jedoch erst bei einer gewissen Minimalschwelle ein (z. B. GR 10 000 Franken für Alleinstehende, 12 000 Franken für Ehe- und Konkubinatspaare).

Immerhin: Wer kein Vermögen hat, den dürfen die Steuerbehörden bloss betreiben, eine Pfändung ist unmöglich, solange der Betroffene unter dem Existenzminimum lebt.

Kirchensteuer: Auch der Klerus will Geld

Auch für die Landeskirchen (fast überall die protestantische und katholische, vereinzelt auch die christkatholische und die jüdische Gemeinde) zieht der Staat die Steuern ein. Deren Höhe ist Sache der Kirchgemeinde. In der Regel ist sie in Prozenten der Staatssteuer festgelegt.

Wie hoch sind meine Steuern?
Eine knifflige Hausaufgabe für Rechenkünstler

Nur bei der direkten Bundessteuer und in den Kantonen BL, BS, FR (für Alleinstehende), NE, TI und VS lässt sich der Steuerbetrag direkt aus dem Tarif ablesen. Alle andern Kantone stellen die Steuerpflichtigen vor komplizierte Rechenaufgaben: Aus ihrem Tarif lässt sich lediglich die einfache Staatssteuer ermitteln, die man mit dem Steuersatz des Kantons, der Gemeinde und der Kirche multiplizieren und schliesslich noch addieren muss.

Ein Beispiel: Die einfache Staatssteuer auf ein steuerbares Einkommen von 100 000 Franken beträgt für Verheiratete in ZH 4621 Franken. Diesen Wert muss man mit dem Steuerfuss des Kantons (100 % = 4621 Franken), der Gemeinde (Stadt Zürich 122 % = 5638 Franken) und der Kirche (reformiert 10 % = 462 Franken) multiplizieren und zusammenzählen. Das ergibt zuletzt einen Steuerbetrag von total 10 721 Franken.

Einfacher gehts, wenn man die Steuererklärung im Internet oder mit der Steuersoftware ausfüllt, die fast alle Kantone abgeben. Diese Programme rechnen den Steuerbetrag automatisch aus (siehe Seite 94).

Tipp: Unter www.estv.admin.ch oder www.konsuminfo.ch kann man seine Daten eingeben und vergleichen, wie viel man andernorts zahlen müsste.

Eine Ausnahme bildet der Kanton VD, der keine Kirchensteuer kennt und die protestantische Kirche aus den allgemeinen Steuermitteln finanziert. Wer keiner oder einer anderen Religion angehört, hat Pech gehabt. Nur die Waadtländer Gemeinden gewähren auf Verlangen eine kleine Rückerstattung. Der Kanton VD weigert sich aber, Andersgläubigen Geld zurück zu erstatten. Dieses Vorgehen hat das Bundesgericht geschützt.

Im Kanton Wallis existiert die Kirchensteuer nur in einzelnen Gemeinden. In GE, NE und TI ist sie freiwillig.

Ein Kirchenaustritt hat nicht nur finanzielle Konsequenzen

In allen übrigen Kantonen ist die Kirchensteuer nur durch den Austritt aus der Kirche zu verhindern. Aber ein Austritt beinhaltet auch den Verzicht auf alle kirchlich-religiösen Dienstleistungen wie kirchliche Trauung, Sakramente, Beerdigung etc. Tritt nur ein Ehepartner aus der Kirche aus, halbiert sich die Kirchensteuer. Zudem verlangen die Kantone AG, BS, FR, GR, LU, NW, OW, SH, SO, SZ und UR, dass auch die Kinder austreten. Ist dies nicht der Fall, bleibt die Steuerbelastung anteilmässig bestehen.

Basis für die Steuerberechnung bleibt immer das Familieneinkommen. Tritt zum Beispiel der Mann als Alleinverdiener aus der Kirche aus, schuldet die Frau trotzdem die halbe Kirchensteuer, auch wenn sie über kein Einkommen verfügt, so hat das Bundesgericht im Oktober 1997 befunden.

Kinderzulagen: **Wallis ist am grosszügigsten**

Kanton	Kinderzulage	Ausbildungszulage
Bund [6]	170/175 [1]	—
AG	170	—
AI	180/185 [1]	—
AR	190	—
BE	160/190 [2]	—
BL	200	220
BS	200	220
FR	230/250 [1]	290/310 [1]
GE	200/220 [3]	—
GL	170	—
GR	195	220
JU	160/186 [4]	214
LU	200/210 [2]	230
NE	170/190/200/250 [5]	250/270/280/330 [5]
NW	220	250
OW	200	—
SG	170/190 [1]	190
SH	180	210
SO	190	—
SZ	200	—
TG	190	165
TI	183	—
UR	190	—
VD	180/350 [1]	250/420 [1]
VS [7]	260/344 [1]	360/444 [1]
ZG	250/300 [1]	—
ZH	170/195 [2]	—

[1] Der erste Ansatz gilt für die ersten beiden Kinder, der zweite für das dritte und jedes weitere Kind.
[2] Der erste Ansatz gilt für Kinder bis 12, der zweite über 12 Jahre.
[3] Der erste Ansatz gilt für Kinder bis 15, der zweite über 15 Jahre.
[4] Der erste Ansatz gilt für Familien mit ein oder zwei Kindern, der zweite für Familien mit drei oder mehr Kindern. Zuzüglich Haushaltszulage 138 Franken.
[5] Die Ansätze gelten der Reihe nach für das erste, zweite, dritte und ab dem vierten Kind.
[6] Landwirtschaft Talgebiet; Berggebiet plus 20 Franken; zuzüglich 100 Franken Haushaltszulage. Einige Kantone gewähren zusätzliche Kantonalbeiträge.
[7] 150 Franken Abzug von der Einkommenssteuer für jedes minderjährige oder im Studium stehende Kind.

Alle Beträge in Franken pro Monat. Normalerweise liegt die Alterslimite bei 16 Jahren (ausser FR und TI: 15 sowie GE, SO und ZG: 18). Erwerbsunfähige Jugendliche erhalten die Zulage je nach Kanton bis 18 bzw. 20, vereinzelt auch bis 25 Jahre. Jugendliche in Ausbildung erhalten sie überall bis 25 (ausser GE: 18 und TI: 20). Die Kantone FR, GE, JU, LU, NE, SH, SO, SZ, UR, VD und VS richten zudem eine Geburtszulage in der Höhe von 600 bis 1500 Franken aus. Familien mit Kindern im Ausland erhalten teilweise weniger. Selbständige erhalten Kinderzulagen nur in den Kantonen AI, AR, GE, GR, LU, SG, SH, SZ, UR und ZG. Nichterwerbstätige bekommen Zulagen bloss in den Kantonen FR, GE, JU, SH und VS.

2009 ist die Einführung einer Mindestzulage von 200 Franken pro Kind bzw. mindestens 250 Franken Ausbildungszulage geplant. Nicht Erwerbstätige erhalten neu Kinderzulagen wenn ihr Einkommen unter 38 700 Franken liegt. Einzelne Kantone ziehen die Erhöhung der Familienzulagen auf 2008 vor.

Quelle: Arten und Ansätze der Familienzulagen, BSV 2007

Steuerbelastung: Verheiratete ohne Kinder

Kantonshauptort	Jahreseinkommen in Franken		
	50 000	100 000	200 000
Bund	126	1315	9671
AG Aarau	1805	8549	28874
AI Appenzell	2267	7891	22916
AR Herisau	3370	11301	30824
BE Bern	2957	12209	34863
BL Liestal	3141	12233	36131
BS Basel	3370	**13450**	37306
FR Freiburg	3365	11713	34180
GE Genf	1060	10491	34554
GL Glarus	**3449**	11666	32456
GR Chur	2119	9098	29993
JU Delsberg	3377	13449	37637
LU Luzern	3269	11235	30949
NE Neuenburg	2255	13839	**39368**
NW Stans	2239	9027	24627
OW Sarnen	3245	9960	25665
SG St. Gallen	2898	12069	36600
SH Schaffhausen	3106	11025	31362
SO Solothurn	3120	12917	36139
SZ Schwyz	2253	7448	21335
TG Frauenfeld	1900	10418	29910
TI Bellinzona	1247	8944	31656
UR Altdorf	3109	10492	31268
VD Lausanne	2396	12962	34858
VS Sitten	3172	9895	32852
ZG Zug	**1147**	**5082**	**16592**
ZH Zürich	2448	8613	26738

Lesebeispiel: Ein kinderloses Ehepaar mit einem Jahreseinkommen von 100 000 Franken muss in Basel 13 450 Franken an Staats-, Gemeinde- und Kirchensteuern abliefern. Zug belastet dasselbe Paar nur mit 5082 Franken. Hinzu kommen 1315 Franken Bundessteuer.

Belastung des Bruttoarbeitseinkommens nach allen Abzügen (2006).
Alle Beträge in Franken. Fett hervorgehobene Zahlen: höchste und tiefste Werte.

Quelle: Eidg. Steuerverwaltung

Steuerbelastung: Verheiratete mit zwei Kindern

Kantonshauptort	Jahreseinkommen in Franken		
	50 000	100 000	200 000
Bund	0	784	7 899
AG Aarau	729	6 224	25 678
AI Appenzell	1 477	6 652	21 309
AR Herisau	1 956	9 048	28 442
BE Bern	1 054	9 985	32 183
BL Liestal	1 152	9 094	31 997
BS Basel	587	9 853	33 709
FR Freiburg	1 165	8 066	30 848
GE Genf	25	6 544	30 351
GL Glarus	**2338**	9 246	29 784
GR Chur	1 440	7 318	27 928
JU Delsberg	1 423	10 967	34 758
LU Luzern	1 685	8 684	28 263
NE Neuenburg	1 866	**11 619**	**36 813**
NW Stans	1 226	7 473	23 029
OW Sarnen	1 934	8 669	24 019
SG St.Gallen	1 332	8 929	32 640
SH Schaffhausen	1 488	8 356	28 135
SO Solothurn	1 256	9 772	32 118
SZ Schwyz	1 342	6 010	19 616
TG Frauenfeld	159	7 193	26 191
TI Bellinzona	129	4 440	26 127
UR Altdorf	2 232	8 766	29 041
VD Lausanne	219	10 179	28 896
VS Sitten	1 376	7 057	28 903
ZG Zug	228	**3 298**	**13 953**
ZH Zürich	1 152	6 003	23 052

Lesebeispiel: Eine Familie mit zwei Kindern muss bei einem Jahreseinkommen von 100 000 Franken in Delsberg 10 967 Franken an Staats-, Gemeinde- und Kirchensteuern bezahlen. In Zug sind es im gleichen Fall bloss 3298 Franken. Hinzu kommen 784 Franken Bundessteuer.

Belastung des Bruttoarbeitseinkommens nach allen Abzügen (2006).
Alle Beträge in Franken. Fett hervorgehobene Zahlen: höchste und tiefste Werte.

Quelle: Eidg. Steuerverwaltung

25

Steuerbelastung: Ledige

Kanton/	Jahreseinkommen in Franken		
Hauptort	50 000	100 000	200 000
Bund	253	2 067	10 764
AG Aarau	4165	14 113	37 203
AI Appenzell	3923	10 932	26 324
AR Herisau	5142	14 253	34 915
BE Bern	4954	15 381	40 474
BL Liestal	4882	15 692	40 776
BS Basel	6049	17 512	41 615
FR Freiburg	5377	16 214	42 912
GE Genf	4924	15 958	40 799
GL Glarus	5028	14 870	36 830
GR Chur	3927	13 090	33 484
JU Delsberg	5944	18 087	46 306
LU Luzern	5123	14 517	34 671
NE Neuenburg	**6336**	**18 639**	**47 555**
NW Stans	4237	11 765	27 027
OW Sarnen	4282	11 956	27 695
SG St. Gallen	5739	17 790	44 760
SH Schaffhausen	5162	15 050	38 607
SO Solothurn	6040	17 075	43 340
SZ Schwyz	3337	9 953	24 258
TG Frauenfeld	5141	14 376	36 393
TI Bellinzona	3944	14 048	37 539
UR Altdorf	4944	14 427	35 917
VD Lausanne	5248	16 514	43 135
VS Sitten	4971	15 894	42 595
ZG Zug	**2453**	**8 114**	**20 617**
ZH Zürich	3626	11 788	33 231

Lesebeispiel: Ein Lediger mit einem Bruttoarbeitseinkommen von 100 000 Franken muss in Neuenburg 18 639 Franken für Staats-, Gemeinde- und Kirchensteuern abliefern. In Zug sind es bloss 8114 Franken. Hinzu kommen 2067 Franken Bundessteuer.

Belastung des Bruttoarbeitseinkommens nach allen Abzügen (2006).
Alle Beträge in Franken. Fett hervorgehobene Zahlen: höchste und tiefste Werte.

Quelle: Eidg. Steuerverwaltung

Abzüge für Angestellte
«Kantönligeist» schafft grosse Unterschiede

Jeder Angestellte kann Auslagen, die durch seinen Beruf entstehen, von den Steuern abziehen. Auch Arztkosten oder Kosten für die Kinderkrippe berechtigen zu Abzügen. Wer alle Möglichkeiten ausschöpft, die ihm zustehen, kann einiges an Geld sparen.

Für sein Einkommen muss man nicht nur arbeiten. Sehr oft fallen auch Kosten an: für Berufskleider, die Fahrt zur Arbeit, auswärtiges Essen oder für die Weiterbildung usw. Alle diese Auslagen – in der Sprache der Steuerexperten auch *Gewinnungskosten* genannt – dürfen Sie vom Einkommen abziehen.

Abzugsfähig sind aber nur berufsbedingte Mehrkosten. Die eigentlichen *Lebenshaltungskosten* sind dagegen steuerpflichtig. Dazu zählen beispielsweise die Essenskosten, die Wohnungsmiete, Aufwendungen für Ausbildung, Sport und Freizeit, Auslagen für die Gesundheit und Versicherungen sowie für die Steuern selbst.

In den meisten Fällen ist es weder für den Steuerpflichtigen noch für die Steuerbehörden lohnend, sämtliche Kleinpositionen zu erfassen. Bund und Kantone erlauben darum einen Pauschalabzug ohne Nachweis (siehe Tabelle Seite 30).

Auch wer dieses Geld für Berufsauslagen gar nicht ausgegeben hat, ist abzugsberechtigt. SZ kennt sogar eine Gesamtpauschale von 20 Prozent des Nettolohnes (max. 6600 Franken), die alle Berufskosten umfasst. Sie ist allerdings nicht anwendbar, wenn der Arbeitgeber Pauschalspesen zahlt, ein Geschäftsfahrzeug zur Verfügung stellt oder Weg- bzw. Essensspesen vergütet.

Bei der direkten Bundessteuer beträgt der Pauschalabzug 3 Prozent des Nettolohns, mindestens aber 1900 und im Höchstfall 3800 Franken (siehe Kasten links).

Jede erwerbstätige Person kann diesen Abzug einmal pro Jahr vornehmen. Doch was in keiner Weisung steht: Wer von Pauschalspesen seines Arbeitgebers profitiert, hat nur noch beschränkten Anspruch auf den Pauschalabzug – zumindest in jenen Kantonen, die eine grosszügigere Regelung als der Bund kennen. Gewöhnlich gilt in diesen Fällen die Regelung der direkten Bundessteuer für die «übrigen Berufskosten» als Obergrenze.

TIPP

Direkte Bundessteuer: Jeder darf von einem Abzug profitieren

- Nettolohn Ehefrau 2004: 20 000 Franken = Abzug 1900 Franken (mind.)
- Nettolohn Ehemann 2004: 110 000 Franken = Abzug 3300 Franken (3 Prozent; max. 3800 Franken)

Jeder Erwerbstätige kann diesen Pauschalabzug einmal pro Jahr bei der Bundessteuer vornehmen. Er umfasst sämtliche berufsnotwendigen Aufwendungen («übrige Berufskosten») mit Ausnahme also der Fahrkosten, der auswärtigen Verpflegung und der Weiterbildung. Sie werden mit separaten Pauschalen erfasst (siehe Seite 32 ff.). Wer mehr geltend machen will, muss die gesamten Kosten – von null beginnend – detailliert aufführen und belegen.

Berufsauslagen: Vom Frack bis zur Fachzeitschrift

Folgende Berufsauslagen berechtigen zu Steuerabzügen:

- **Berufskleider,** soweit es sich dabei um eigentliche Arbeitskleidung handelt; zum Beispiel das blaue Arbeitergewand, die verstärkten Suva-Schuhe oder der Frack des Dirigenten.
- **Berufswerkzeuge** im persönlichen Besitz.
- **Fachliteratur** (Bücher, Zeitungen, Zeitschriften) mit direktem Bezug zum Beruf.
- **Privates Arbeitszimmer** (siehe Kasten Seite 31).
- **Kosten für die Stellenbewerbung** (umstritten, ausser bei Arbeitslosen).
- **Aufpreis für eine teurere Wohnung,** wenn nur so ein zusätzlicher Nebenerwerb möglich ist (nicht in SG).
- **Zügelkosten,** wenn der Umzug notwendig ist, um die bisherige Stelle zu halten (jedoch nicht bei einem Stellenwechsel), und für

Beamte, die an einem bestimmten Ort Wohnsitz nehmen müssen (Residenzpflicht; die Kantone BE, BL und SG akzeptieren diese Abzüge nicht).

- **Reisespesen** (Reise- und Übernachtungskosten etc. für Kundenbesuche, Kongresse etc.), soweit sie der Arbeitgeber nicht bezahlt.

Beruflich unterwegs:
Höhere Abzüge für Angestellte im Aussendienst

Mitarbeiter im Aussendienst haben berufsbedingt hohe Spesen (Fahrkosten, Verpflegung, Unterkunft), die teilweise schwer kalkulierbar sind. Ihnen gesteht das Steueramt darum höhere Pauschalabzüge zu – in der Regel 25 Prozent des Nettoeinkommens; bei Reisetätigkeit in der ganzen Schweiz 30 Prozent. Eine allfällige Spesenpauschale des Arbeitgebers wird vorgängig dem Nettolohn zugerechnet.

Einige Kantone akzeptieren diese Pauschalregelung nicht, sondern verlangen den Nachweis der effektiven Kosten. GL erlaubt bloss eine Teilpauschale von 3 Prozent auf die Bruttoentschädigung (max. 6000 Franken). Alles was darüber hinausgeht, muss einzeln belegt werden.

■ **Beiträge an Berufsverbände und Gewerkschaften** (in AG, BE, BL, BS, GE, GR, JU, SG, SH, SO, TG, TI, ZH). Teilweise jedoch mit Maximallimiten (AG 300 Franken). In der Regel darf man Verbandsbeiträge nur geltend machen, wenn man die effektiven Gewinnungskosten aufrechnen möchte. In der Berufspauschale sind sie inbegriffen.

■ **Parteibeiträge:** Rund die Hälfte der Kantone – nicht aber der Bund – akzeptiert in beschränktem Um-

Pauschalabzug für Berufskosten:
Nidwalden gewährt die höchsten Abzüge

Kanton	Abzug (max. in Fr.)	Bemerkungen (Beträge in Franken)
Bund	3800	mind. 1900; 3 Prozent
AG	3800	mind. 1900; 3 Prozent
AI	5000	1000 plus 5 Prozent
AR	2400	700 plus 10 Prozent
BE	3800	mind. 1900; 3 Prozent
BL	500	auch bei Mitarbeit im Betrieb des Ehegatten
BS	900	
FR	3800	mind. 1900; 3 Prozent
GE	1600	mind. 600; 3 Prozent
GL	3800	mind. 1900; 3 Prozent
GR	2800	mind. 1120; 10 Prozent
JU	3600	20 Prozent
LU	3800	mind. 1900; 3 Prozent
NE	3800	mind. 1900; 3 Prozent
NW	7000	5 Prozent
OW	4100	10 Prozent
SG	2400	700 plus 10 Prozent des Bruttoeinkommens
SH	3800	mind. 1900; 3 Prozent
SO	3800	mind. 1900; 3 Prozent
SZ	6600	20 Prozent
TG	3800	mind. 1900; 3 Prozent
TI	2400	
UR	3800	mind. 1900; 3 Prozent
VD	3800	mind. 1900; 3 Prozent
VS	3800	mind. 1900; 3 Prozent
ZG	3800	mind. 1900; 3 Prozent
ZH	3800	mind. 1900; 3 Prozent

Lesebeispiel: GL gewährt einen Pauschalabzug von 3 Prozent auf den Nettolohn, mindestens aber 1900 und höchstens 3800 Franken.

fang unter verschiedenen Titeln den Abzug von Beiträgen und von Mandatssteuern an Parteien, die im jeweiligen Kantonsparlament vertreten sind (BL: unbegrenzt, BE: 5000 Franken, LU: 3000 Verheiratete/1500 Alleinstehende, ZH: 3200 Verheiratete/1600 Alleinstehende, AG: 1100). Mitgliederbeiträge und Zuwendungen an Parteien sind meist als Spenden zu verbuchen (in BL, GR, JU, SG, SH, SO, TG, VS und ZG im Rahmen der Spendenregelung; siehe Seite 38). Mandatsbeiträge sind nur in BL, GR, JU und SG explizit als Gewinnungskosten abzugsfähig. Weitere Kantone (AG, SH, TG und TI) akzeptieren sie faktisch. Der Abzug von Parteibeiträgen wider-

Das Arbeitszimmer zu Hause:
Ein Abzug ist nur in bestimmten Fällen erlaubt

Die Steuerbehörden legen die Voraussetzungen, unter welchen sie den Abzug für ein privates Arbeitszimmer zulassen, immer enger aus. So muss man glaubhaft machen, dass man tatsächlich regelmässig auch abends und sogar an den Wochenenden arbeiten muss und dass es die Bedingungen im Büro verunmöglichen, dort in Ruhe zu arbeiten. Zudem dürfen Sie den Büroraum zu Hause für keinen anderen Zweck benutzen, auch nicht als Bibliothek, Bastelraum, Kinderspielzimmer oder für allgemeine Hausarbeiten.

In ihrer restriktiven Praxis stützen sich die Steuerbehörden auf das Bundesgericht, das beispielsweise entschieden hat, dass es einem Lehrer zuzumuten sei, die Klassenarbeiten an schulfreien Nachmittagen im leeren Klassenzimmer zu korrigieren. Sind diese Hürden genommen, gilt es, die Höhe des Abzugs zu ermitteln:

■ **Formel 1.** Bund, AG, AI, BE, GR, JU (max. 800 Franken), LU, NW, OW, SO, SZ, TG, UR, VD, VS, ZG, ZH (Einfamilienhaus): Mietkosten (bzw. Eigenmietwert) geteilt durch Anzahl Zimmer plus zwei.

■ **Formel 2.** AR, BL, FR, SG, SH, UR, ZH (Wohnung): Mietkosten (bzw. Eigenmietwert) geteilt durch Anzahl Zimmer plus eins.

■ **Formel 3.** BS (¾ vom errechneten Betrag), GL, NE, TI: Mietkosten (bzw. Eigenmietwert) geteilt durch Anzahl Zimmer.

Zusätzlich dürfen Sie beim Bund und in den Kantonen AG, AR, BE, GL, GR, JU, LU, OW, SG, SH, SZ, TG und ZH einen analog hohen Anteil für Heizung, Reinigung und Beleuchtung geltend machen.

Berechnung des Abzugs für ein Arbeitszimmer gemäss Formel 1:

Miete pro Jahr	28 000 Franken
Anzahl Zimmer	
(5 Zimmer + Bad/Küche)	
28 000 Franken : 7	4000 Franken
+ Anteil Heizung/Reinigung/ Beleuchtung	350 Franken
Total Abzug	4350 Franken

Wo das Arbeitszimmer überproportional gross ist (z. B. Atelier) oder ein separates Bad/WC dazugehört, kann man eine Ausscheidung auch aufgrund der Quadratmeter vornehmen.

31

Pauschalabzug für Nebenverdienst:
Einige Kantone zeigen sich knausrig

Auf gelegentlichen Nebenverdiensten dürfen Sie beim Bund und in den meisten Kantonen einen Pauschalabzug vornehmen: So können Sie beim Ausfüllen der Steuererklärung im Formular «Berufsauslagen» 20 Prozent der ausgewiesenen Zusatzeinnahmen (mind. 700 Franken) pauschal abziehen (in BL direkt vom Lohn). Bei einem zusätzlichen Jahresverdienst von 10 000 Franken könnte man also einen Abzug von 2000 Franken (20 Prozent) geltend machen. Maximal ist ein Abzug von 2200 Franken zulässig.

Doch nicht alle Kantone sind gleich grosszügig. Eher knausrig zeigt sich TI (max. 800 Franken ohne Nachweis). SZ und TG kennen keinen Pauschalabzug auf den Nebenerwerb. In GE kann man auch den effektiven Aufwand nicht abziehen.

Für nebenamtliche Behördentätigkeit kennen AG, AI, AR, BE, GR, NW und SG höhere Freibeträge.

In einigen Kantonen sind auch Behördenmitglieder der Landeskirchen den politischen gleichgestellt (z.B. protestantische in den Kantonen BE und ZH).

spricht allerdings dem Steuerharmonisierungsgesetz, wie das Bundesgericht im Juli 2007 festgestellt hat. Die entsprechenden Gesetze müssten eigentlich geändert werden.

■ **Computer bzw. EDV-Einrichtungen** (Hard- und Software), wobei für die private Nutzung der Computer und Programme meist ein 25-prozentiger Abzug auf den Anschaffungswert vorzunehmen ist (BL 50 Prozent). Teurere Computeranlagen (je nach Kanton zwischen 3000 und 15 000 Franken) müssen Sie über mindestens drei bis vier Jahre abschreiben. BS akzeptiert Steuerabzüge für Hard- oder Software nur dann, wenn der Arbeitgeber deren Anschaffung ausdrücklich verlangt hat.

■ **Telefon, Handy, Fax, Internetanschluss** sowie kostenpflichtige Dienstleistungen im Internet oder Ähnliches.

Arbeitsweg: Abzüge für die Fahrkosten

Liegt Ihr Arbeitsort nicht unmittelbar in der Nähe des Wohnorts, so können Sie die Wegkosten als Berufsauslagen abziehen. In der Regel sind die effektiven Kosten (Abonnement) für das öffentliche Verkehrsmittel (Tram, Bus, Eisenbahn) abzugsfähig.

Ein Bahn-Abo für die 1. Klasse kann geltend machen, wer im Zug arbeitet oder wer gesundheitliche Gründe angeben kann (in BE auch ohne Begründung).

Wer das Velo oder ein Kleinmotorrad (bis 50 ccm) benutzt, darf beim Bund und den Kantonen 700 Franken abziehen. Wer sein Auto oder Motorrad (über 50 ccm) benutzt, darf prinzipiell nur jene Kosten abziehen, die für die Fahrt mit dem öffentlichen Verkehrsmittel anfallen würden.

Die vollen Kosten für ein Motorrad (max. 40 Rappen/Kilometer) oder Auto (max. 65 Rappen/Kilometer inkl. Parkplatz; je nach Kanton ab 5000 bis 20 000 km Jahresleistung nur noch 30 bis 55 Rappen) darf nur abziehen, wem die Benutzung des öffentlichen Verkehrs nicht zumutbar ist. Kantonal gibt es abweichende Regelungen. So kennt BS nur einen Pauschalabzug von 600 Franken (mehr gegen Nachweis). Umstritten ist, ob auch der kostenpflichtige Firmenparkplatz zum Berufsaufwand zählt.

Kriterien für den Abzug des Privatfahrzeuges

■ Zeitersparnis von mehr als einer Stunde täglich; BL: Arbeitsweg total über 2,5 Stunden)
■ Fehlen eines öffentlichen Verkehrsmittels
■ Gebrechlichkeit

■ Nächste Haltestelle über einen Kilometer (BL 1,5 km) bzw. mehr als 15 Minuten Fussweg entfernt
■ Ein extrem ungünstiger Fahrplan (Zeitverlust mehr als eine Stunde pro Tag)
■ Unregelmässige Arbeitszeit (z.B. Schichtarbeit)
■ Beruflich auf Auto am Arbeitsplatz angewiesen

Beim Bund und in fast allen Kantonen ist die Anzahl Arbeitstage pro Jahr auf 220 festgelegt (SH und ZH 240 Tage, AI, AR und SG 230 Tage, GL 228 Tage, TG 225 Tage). Wer mehr arbeitet und somit höhere Fahr- und Essensspesen hat, muss das in der Steuererklärung speziell vermerken. Für Fahrten, die Sie machen, um zu Hause zu essen, dürfen Sie nur den Abzug für auswärtige Verpflegung geltend machen (14 Franken pro Tag; siehe Kasten unten).

Mehrkosten für auswärtige Verpflegung: Nur halber Abzug bei Kantinenkost

Essen müssen alle, die Kosten dafür gelten also als Lebensunterhalt. Abzugsfähig sind darum überall nur die Mehrkosten, die berufsbedingt durch die auswärtige Verpflegung entstehen. Gründe dafür:
■ Die Entfernung zwischen Wohn- und Arbeitsort beträgt mehr als 15 Kilometer
■ Schlechte Verkehrsverbindungen zwischen Wohn- und Arbeitsort
■ Gebrechlichkeit
■ Schichtarbeit bzw. Nachtarbeit
■ Vom Arbeitgeber verordnete kurze Mittagszeit
■ Aufwändige Verpflegung (z.B. für Schwerarbeiter)

Für auswärtige Verpflegung dürfen 14 Franken pro Tag (maximal aber 3000 Franken pro Jahr) abgezogen werden. Bietet der Arbeitgeber eine Kantine oder Gutscheine zur Verbilligung der Mahlzeiten an, so halbiert sich der Abzug, aber nur sofern immer noch mehr als 8 Franken (BL und BS 9 Franken) selbst bezahlt werden müssen. Sonst gibt es gar nichts mehr.

Wer aus beruflichen Gründen auswärts isst, zum Beispiel mit Kunden auf Spesen, kann nach gängiger Steuerpraxis den Pauschalabzug für auswärtige Verpflegung trotzdem beanspruchen. Nur GR scheint das strikte abzulehnen.

Abzug für Weiterbildung und Umschulung

Obwohl der Übergang oft fliessend ist, unterscheiden die Steuerbehörden zwischen Aus- und Weiterbildung (siehe Kasten Seite 35). Die (Erst-)Ausbildung (Schulen, Lehre, Studium etc.) ist grundsätzlich nicht von der Steuer absetzbar.

Eine Ausnahme machen gewisse Privatschulen (insbesondere die Rudolf-Steiner-Schule), die in zahlreichen Kantonen als gemeinnützige Institution anerkannt sind. Beiträge, die über das minimale Schulgeld hinausgehen, kann man deshalb teilweise unter Spenden abbuchen (siehe auch Kasten Seite 38).

Die Kosten für die Weiterbildung und für die Umschulung auf einen nah verwandten Beruf dürfen Sie dagegen fast überall von der Steuer abziehen. Abzugsberechtigt sind in der Regel das Abendtechnikum, Fremdsprachenkurse für eine Sekretärin, Diplomkurse für gelernte Angestellte usw.

Weiterbildungskosten setzen im selben Jahr Erwerbseinkommen voraus, andernfalls ist kein Abzug möglich. Das ist vor allem für Wiedereinsteigerinnen wichtig, die mit Kursen ihr Wissen aufbessern möchten. Auslagen für Sport-, Hobby- und Freizeitkurse sowie allgemeine Volkshochschulkurse oder Sprachkurse, die nicht für den Beruf erforderlich sind, dürfen Sie hingegen nicht abziehen.

Abzüge für Schulkosten: Ein Versuch kann sich lohnen

Einige Steuerämter legen sich allerdings auch quer, wenn die (Weiter-)Bildung dem beruflichen Aufstieg dient. So lehnen einzelne Steuerbehörden die Kosten für die Abendmatur bzw. Handelsschule, für Wirtekurse und die Meisterschule ab. Abzugsfähig sind sie aber zum Beispiel in den Kantonen AG, BE, BL, BS, FR, GR, SG, SO, SZ,

---

Wochenaufenthalter: Mehrkosten für auswärtiges Arbeiten und Wohnen berechtigen zu Steuerabzügen

Wer auswärts arbeitet und nur am Wochenende nach Hause zurückkehrt, kann als Wochenaufenthalter alle zusätzlichen Kosten abbuchen. Dazu gehören die Unterkunftskosten (Zimmer- oder Studiomiete, teilweise auch Hotelkosten; oft als Pauschale), die Fahrkosten am Wochenende und die auswärtige Verpflegung, sofern keine Küche zur Verfügung steht. Voraussetzung ist, dass die allabendliche Rückkehr an den Wohnort unzumutbar ist (Arbeitsweg mind. eine Stunde). Wichtig ist aber, dass der Lebensmittelpunkt weiterhin am Wohnort bleibt. Sonst erklärt die Steuerbehörde den Wochenwohnsitz auch zum Steuersitz. Bei leitenden Angestellten kann eine Aufteilung der Steuerpflicht erfolgen.

Für auswärtiges Essen darf man pro Hauptmahlzeit 14 Franken, also 28 Franken im Tag abziehen (max. 6000 Franken pro Jahr). Ist eine Kantine oder sonstige Vergünstigung vorhanden, vermindert sich der Abzug für das Mittagessen (21 Franken im Tag bzw. 4500 Franken im Jahr). GE und GL begrenzen die Zimmerkosten auf 6000, GR 8400, UR 10800 und NW auf 2500 Franken pro Jahr.

TG, UR, ZG und ZH. Im Zweifelsfall sollten Sie also den Versuch immer unternehmen. Nebst den eigentlichen Schulgebühren können Sie die Aufwendungen für Bücher, Fahrten, Unterkunft und Verpflegung geltend machen (Quittungen beilegen).

Sogar der Sprachaufenthalt im Ausland kann abzugsfähig sein, wenn er erforderlich ist, um die jetzige Stelle zu erhalten. So hat zum Beispiel das Steuergericht Solothurn im Juni 1997 festgehalten, «dass die Kosten für Weiterbildungskurse, insbesondere Sprachkurse, nur abgezogen werden können, wenn die Weiterbildung sich auf Kenntnisse bezieht, die bei der Berufsausübung verwendet werden und insofern der Festigung der Stellung im bisherigen Beruf dienen».

SH und ZH gewähren einen pauschalen Abzug für Weiterbildungs- und Umschulungskosten von je 400 Franken (mehr gegen Nachweis).

Persönliche Abzüge vom Einkommen

Vom Reineinkommen dürfen Sie noch verschiedene Abzüge vornehmen. Der Umfang richtet sich nach den persönlichen Verhältnissen: verheiratet, Kinder, Unterstützungspflichtige etc. Damit will der Staat dem Grundsatz entsprechen, dass jeder nach seiner Leistungsfähigkeit zu besteuern ist.

Als Folge des Schweizer «Kantönligeistes» sind auch bei den persönlichen Abzügen grosse Un-

FRAGE

Kein Abzug für Umschulung?

Wegen Augenproblemen (Bildschirmarbeit) musste ich den Beruf als Sekretärin aufgeben. Ich habe mich darum in Deutschland zur Atemtherapeutin umschulen lassen. Der Kanton BL verweigert mir nun den Umschulungsabzug. Ist dies zulässig?

Ja. Umschulungskurse können nur berufsbegleitend vom Einkommen in Abzug gebracht werden. Wer seine Berufstätigkeit aufgibt, um einen andern Beruf zu erlernen, beginnt eine neue Ausbildung; die Kosten dafür sind nicht von den Steuern absetzbar.

terschiede festzustellen (siehe Tabelle auf der nächsten Seite).

In vielen Kantonen geniessen Verheiratete, in ungetrennter Ehe lebende Personen und Alleinstehende, die einen eigenen Haushalt führen, einen Abzug. Der Begriff Alleinstehende ist dabei sehr eng gefasst: Dieser Abzug ist deshalb für Konkubinatspaare oder Wohngemeinschaften nicht zulässig, auch nicht anteilsmässig.

Die Kantone BE, BL, BS, FR, GE, GL, JU, LU, NW, SH, SO, SZ, TG, TI, VD und ZG kennen Abzüge für AHV-Rentner, Invalide und arbeitsunfähige Steuerpflichtige. Sie gehen bis 9000 Franken (SH), sind aber an ein tiefes Einkommen bzw. Vermögen gebunden. Oft sind die Abzüge degressiv.

Pflegebedürftige Rentner mit sehr tiefem Einkommen können in BE sogar von der Steuer befreit werden. BE, BS, FR, GR, LU, NE, SH und UR kennen ausserdem abgestufte Freibeträge für Personen mit tiefem Einkommen.

35

«Kantönligeist» schafft grosse Unterschiede

Kanton	Verheiratete [1]	Allein-stehende [2]	pro Kind	Unter-stützung
Bund	—	—	6100	6100
AG	—	—	6400	2400 [3]
AI	—	—	4000 [4]	—
AR	—	—	4000 [5]	—
BE	9800	4900 [6]	4400 [7]	4400 [8]
BL	—	—	5000	2000 [9]
BS	6600	3800 [10]	6800 [11]	5500
FR	— [12]	— [12][13]	7000 [14]	700
GE	28576	15587 [15]	6754	—
GL	— [16]	— [16]	5000	2000
GR	2800	2800 [17]	3400 [18]	3400
JU	—	1600 [19]	4600 [20]	2200
LU	—	—	5200 [21]	2300
NE	— [22]	7700 [23]	3000 [24]	3000
NW	—	— [25]	5000 [26]	5000 [27]
OW	10000 [28]	10000 [29]	4000 [30]	2400
SG	—	—	4000 [31]	—
SH	— [32]	— [33]	6000	1200
SO	— [34]	— [34]	6000 [34]	2000
SZ	6000	3000 [35]	5000 [36]	—
TG	— [37]	— [38]	7000 [39]	2600
TI	—	—	10500 [40]	5600 [41]
UR	7000 [42]	2000 [42]	4000 [43]	2000
VD	—	—	—	3100
VS	—	— [44]	4200 [45]	1780
ZG	13400	6700 [46]	8300	3100
ZH	— [47]	— [47]	6800	2500

Lesebeispiel: Beim Bund sind nur Abzüge für Kinder im eigenen Haushalt und für Verwandte, die man von Gesetzes wegen unterstützen muss, zulässig (je 6100 Franken). Viele Kantone gestatten zusätzlich einen Sozialabzug für Verheiratete oder Alleinstehende. (Alle Beträge in Franken)

1 In ungetrennter Ehe
2 Mit eigenem Haushalt
3 Invaliden- und Betreuungsabzug 3000
4 7000 für Kinder in auswärtiger Ausbildung oder an Privatschule
5 5500 für Kinder in Ausbildung; 10 000 bei auswärtiger Ausbildung;
6 Alleinstehende mit eigenem Haushalt zusätzlich 2200;
zuzüglich 1200 pro Kind (wird automatisch vorgenommen)

7   Zuzüglich max. 4400 Ausbildungskosten
8   Nur Arbeitsunfähige und beschränkt Erwerbsfähige
9   Invalide 5000
10 Nur Alleinerziehende; Rentner 3300; bei Ergänzungsleistungen plus 500
11 Zusätzlich maximal 2700 für Personen mit geringem Einkommen
12 Erwerbstätige im Rollstuhl ohne AHV/IV 2000
13 Für Alleinerziehende ermässigter Steuersatz wie für Verheiratete
14 Ab dem 3. Kind 8000; 1500 für Lehre und Studium (eigene Steuererklärung);
    7000 für minderjährige Vollwaisen bzw. bis Lehr- oder Studienabschluss
    (bis 60 000 Nettoeinkommen)
15 Alleinerziehende mit Kindern unter 25 Jahren 28 576
16 Rentner und tiefe Einkommen (max. 35 000) mit Kindern 3500 bis 4500 (abgestuft)
17 Alleinerziehende mit Kindern oder Unterstützungsbedürftigen
18 Zuzüglich 1800 bzw. 8400 für Kinder in auswärtiger Ausbildung
19 Nur Verwitwete und Geschiedene mit eigenem Haushalt; Alleinerziehende 2400
    Studenten/Lehrlinge 3600
20 Bei drei oder mehr Kindern pro Kind 5200, plus max. 5700
    für auswärtige Ausbildung
21 5700 für Kinder in Ausbildung; plus 4000 für Kinder in auswärtiger Schule
22 Abgestuft max. 2500 für tiefe Einkommen
23 Alleinerziehende mit einem Kind; plus 1800 für jedes weitere Kind;
    abgestuft max. 1600 für tiefe Einkommen
24 Für das erste, 3700 für das zweite, 4200 für jedes weitere Kind
25 Altersabzug 3500 abzüglich 5 % des Reineinkommens
26 2500 ab dem zweiten Kind; plus 1500 bis 7000 für ältere Kinder in Ausbildung
27 Nur pflegebedürftige Personen im gleichen Haushalt (AHV-/IV-Bezüger)
28 20 % des Reineinkommens, mindestens 4300
29 Nur Alleinerziehende: 20 % des Reineinkommens, mindestens 4300
30 Höhere Schulbildung plus 1600, auswärtige Schule 5700
31 Schulpflichtige Kinder 6000, in höherer Ausbildung 10 000
32 Für Rentner mit kleinem Einkommen zuzüglich max. 9000; übrige max. 4500
33 Für Rentner mit kleinem Einkommen zuzüglich max. 4500;
    übrige mit geringem Einkommen max. 2250
34 Werkstudenten und Pflegebedürftige 4200; Rentner mit kleinem Einkommen 5000
35 Alleinerziehende 6000; max. 9000 bei Erwerbstätigkeit; Rentner und Vollinvalide
    zusätzlich 3000
36 Volljährige in Ausbildung 7000
37 Rentner, Erwerbsunfähige und Verwitwete mit geringem Einkommen
    zusätzlich bis 4000
38 Rentner, Erwerbsunfähige und Verwitwete mit geringem Einkommen
    zusätzlich bis zu 4000
39 Ab 16 Jahren 8000; 20 bis 26 Jahre in Ausbildung 10 000
40 Zusätzlich bis 12 800 für Studierende ohne Stipendien
41 Mindestens 5600, maximal 10 500
42 Für sozial Schwache zusätzlich max. 10 000; Alleinerziehende mit Kind 5000
43 Für auswärtige Verpflegung plus 4000;
    auswärtige Unterkunft und Verpflegung plus 12 000
44 Einkommen von Lehrlingen und Studenten, max. 7130
45 6 bis 16 Jahre 5250, ab 16 Jahren 6300, Internatskosten max. 5250
46 Alleinerziehende 13 400; Rentner je nach Einkommen plus 1600 bis 3100
47 Im Tarif bereits enthalten

Krankheitskosten:
Vom künstlichen Gebiss
bis zum Blindenhund

Die nachgewiesenen Arznei-, Arzt- und Zahnarztkosten bei Krankheit, Unfall oder Invalidität sowie Brillen auf Rezept sind in allen Kantonen und bei der direkten Bundessteuer vollumfänglich abzugsfähig, sofern sie nicht durch Dritte (Krankenkasse, Zahnversicherung etc.) gedeckt sind. Dazu gehören auch die Kostenbeteiligungen (Franchise und Selbstbehalt) bei den Krankenkassen, Schuheinlagen, (Zahn-)Prothesen, Hörapparate, das Taxi zum Arzt, wenn aus gesundheitlichen Gründen keine günstigere Alternative möglich ist, die benötigte Hauspflege und in der Regel auch die Haushaltshilfe.

Der Bund und die meisten Kantone lassen den Steuerabzug für Krankheitskosten aber nur zu, soweit die effektiv angefallenen Kosten 5 Prozent des Reineinkommens übersteigen.

Die Kantone GL und SZ (3 Prozent) sowie SG und VS (2 Prozent) kennen tiefere, für den Steuerpflichtigen also günstigere Limiten. In GE liegt die Limite bei 1 Prozent und BL verzichtet sogar völlig auf eine Limite. Geleistete Vorschüsse darf man übrigens erst geltend machen, wenn die Kosten effektiv angefallen sind.

Seit 2005 dürfen Personen mit einer Behinderung auch ihre Zusatzkosten in Abzug bringen – und dies ohne jeden Selbstbehalt. Dies gilt zum Beispiel für Physiotherapie (Gelähmte), für ambulante Pflege oder Begleitung, Haus-

Spenden an gemeinnützige Institutionen:
Grosszügigkeit wird nicht in allen Kantonen belohnt

Beim Bund und in allen Kantonen darf man Spenden an gemeinnützige Organisationen (Hilfswerke, Landeskirchen etc.) mit Sitz in der Schweiz bei den Steuern in Abzug bringen, allerdings in unterschiedlichem Ausmass. Bei kleineren Beträgen kann es genügen, aufzuführen, an wen sie im Einzelnen gingen. Grössere Beträge (ab ca. 300 Franken) müssen Sie aber belegen.

In einigen Kantonen sind Spenden vorläufig auch noch an politische Parteien zulässig (siehe Seite 30 f.). Vergabungen an Kantone und Gemeinden sind dagegen nicht mehr zum Abzug zugelassen. Beim Bund und in den meisten Kantonen sind die maxi-

mal zulässigen Abzüge in Prozenten des Rein- bzw. des Nettoeinkommens definiert:

- 1 Prozent in NE
- 5 Prozent in FR (Selbstbehalt 500 Franken, 15 Prozent für Kirche) GE und GL
- 10 Prozent in AI, AR, BE, BS, GR, JU, NW, SG (500 Selbstbehalt), TG (bis 80 000 Nettoeinkommen oder max. 8000 Franken; 200 Selbstbehalt), TI, UR, VS, ZG
- 20 Prozent beim Bund und in AG, LU, OW, SH (mind. 200 Franken) SO, VD und ZH
- Unbeschränkt in BL und SZ.

Details und aktuelle Änderungen finden Sie unter www.zewo.ch.

Kinderlosigkeit: Sind die Kosten für medizinische Untersuchungen abzugsfähig?

Meine Frau und ich sind kinderlos. Medizinische Abklärungen haben ergeben, dass die Ursache bei mir liegt. Können wir die Kosten für diese Untersuchungen als Krankheitskosten geltend machen? Und wie steht es mit den Kosten für eine allfällige künstliche Befruchtung?

Ja. Die Kosten für die medizinische Abklärung der Ursachen von Kinderlosigkeit sind wie andere ärztliche Untersuchungen als Krankheitskosten zu betrachten. Ebenso sind die daraus erforderlichen Behandlungskosten als Krankheitskosten anzuerkennen, hat das Solothurner Steuergericht im Oktober 2001 befunden.

Die Kosten für eine künstliche Befruchtung, In-vitro-Fertilisation usw. können dagegen nicht als Krankheitskosten abgezogen werden, weil sie nicht der Erhaltung oder Wiederherstellung der Gesundheit dienen.

halthilfe und Kinderbetreuung, für Transportkosten, Therapie- und Rehabilitationsmassnahmen, Hörgeräte, Treppenlift usw. Statt der effektiven Kosten dürfen Behinderte in diversen Kantonen auch Pauschalen (je nach Schwere der Behinderung zwischen 2500 und 7500 Franken pro Jahr) in Abzug bringen. Gehörlose und Dialysepatienten dürfen unabhängig davon einen Abzug bis zu 2500 Franken vornehmen.

Kinderabzug: Kantone können Limiten setzen

Der Bund und sämtliche Kantone gewähren einen Abzug für Kinder. Zulässig ist er für Minderjährige (unter 18 Jahre) und Jugendliche in der Ausbildung.

Im Kanton ZH gilt diese Regelung unabhängig davon, ob die Kinder über eigenes Einkommen verfügen. Anders sieht das allerdings in allen andern Kantonen aus, da sie gesetzliche Limiten punkto Einkommen oder Vermögen kennen (Letzteres nur in GE und ZG). Sie dürfen den Kinderabzug beschränken oder verweigern, wenn das Kind die finanzielle Unterstützung der Eltern nicht wirklich braucht. BE kennt eine 18 000-Franken-Limite für das Kindereinkommen. An ähnliche Einkommensgrenzen hält sich auch der Bund, auch wenn im Gesetz keine genaue Limite festgehalten ist (siehe Tabelle Seiten 36/37).

Stichtag ist der 1. Januar des Taxationsjahres (BS: 31. Dezember). Sind die Voraussetzungen an diesem Tag erfüllt, dürfen Sie den Abzug für das ganze Jahr vornehmen, selbst wenn Ihr Kind erst am Tag davor geboren wurde. Nahm ein Kind eine regelmässige Erwerbstätigkeit (z. B. Lehre) erst in der Steuerperiode auf, so ist das Einkommen zur Überprüfung der Freigrenze auf das ganze Jahr umzurechnen.

Kosten für die Kinderbetreuung:
Nun gewähren fast alle Kantone einen Abzug

Kinder aufzuziehen gehört zu den normalen Lebenshaltungskosten. Dies ist nach wie vor die Überzeugung der meisten kantonalen Steuerbehörden und des Bundesgerichts. Doch Doppelverdiener und Alleinerziehende gehören heute ebenfalls zur gesellschaftlichen Realität. Kinderbetreuung durch Dritte (Krippe, Tagesmutter oder -schule, Aupair-Mädchen) ist darum für viele Leute geradezu Voraussetzung, um überhaupt einer Erwerbstätigkeit nachgehen zu können. Zudem entstehen durch die Kinder zusätzliche allgemeine Kosten. Die meisten Kantone haben darum einen Betreuungs- oder Sozialabzug für Doppelverdiener und Alleinerziehende eingeführt.

Kanton	Abzug (max. in Franken)	Bemerkungen
Bund	—	
AG	6000	75 Prozent der Kosten; unter 16 Jahren
AI	2000	unter 12 Jahren
AR	unbegrenzt	notwendige Betreuungskosten
BE	1500	unter 15 Jahren
BL	5500	
BS	5500	unter 15 Jahren
FR	4000	unter 12 Jahren
GE	3640	Doppelverdiener 2598; Alleinerziehende 3640, 5200 bei Einkommen unter 52000; unter 12 Jahren
GL	—	
GR	2800	unter 14 Jahren; Doppelverdiener nur dann, wenn beide zusammen mind. 120% erwerbstätig sind
JU	3000	unter 15 Jahren
LU	3000	
NE	—	
NW	3000	unter 15 Jahren
OW	unbegrenzt	notwendige Betreuungskosten
SG	2000	unter 15 Jahren
SH	9000	unter 15 Jahren
SO	2500	unter 15 Jahren
SZ	—	
TG	4000	75 Prozent der Kosten; unter 16 Jahren
TI	—	
UR	2000	unter 12 Jahren
VD	1300	unter 12 Jahren
VS	2100	unter 7 Jahren; behinderte Kinder unter 16 Jahren
ZG	3100	bei Reineinkommen unter 52000; unter 16 Jahren
ZH	6000	unter 15 Jahren

Lesebeispiel: Allein erziehende Mütter oder Väter dürfen in TG 4000 Franken pro Kind als Betreuungsbeitrag vom Einkommen abziehen.

40

Steuern für Selbständige
Die Freiheit hört beim Steuerzahlen auf

Luxusreisen, neues Auto, Essen im Gourmet-Tempel: Selbständige können von den Steuern alles absetzen, was «geschäftsmässig begründet» ist.

Nicht jeder, der keinen Chef hat, ist deswegen selbständig erwerbend – wenigstens nicht in den Augen der Steuer- bzw. der AHV-Behörden. Kaum Diskussionen gibt es bei Unternehmern mit eigenem Betrieb, Landwirten oder Freiberuflern wie etwa Anwälten, Apothekern, Ärzten, Architekten, Ingenieuren, Musikern, Künstlern oder Schriftstellern. Hinweise auf selbständige Tätigkeit sind etwa eigene Geschäftsräume, Personal, eigene Betriebseinrichtungen etc.

Schwieriger ist es dagegen für Berater, EDV-Fachleute oder auch freie Journalisten, den Status als Selbständige glaubhaft zu machen. Meist rechnen ihre diversen Auftraggeber für sie mit den Sozialversicherungen ab und beteiligen sich auch an deren Kosten. Ende Jahr stellen die Arbeitgeber einen Lohnausweis aus wie für ihr fest angestelltes Personal. Das sind klare Indizien dafür, dass es sich nicht um einen selbständigen Erwerb handelt.

Saubere Buchhaltung ist für Selbständige Pflicht

Selbständige Unternehmer – nicht unbedingt aber Freiberufler – sind verpflichtet, eine ordnungsgemässe Buchhaltung zu führen. Sie ist Grundlage für die Besteuerung (und für die AHV). Ab 100 000 Franken Jahresumsatz (Roheinkommen) muss der Eintrag ins Handelsregister erfolgen.

Alle Selbständigerwerbenden – also auch die Freiberufler – müssen während zehn Jahren sämtliche wichtigen Belege (Einnahmen, Ausgaben, Vermögen, Schulden) geordnet aufbewahren.

Wenn Sie keine brauchbare Jahresrechnung und auch keine Buchhaltung einreichen oder wenn die angegebenen Daten allzu stark vom Branchendurchschnitt abweichen, so kann die Steuerbehörde eine Ermessenseinschätzung vornehmen.

CHECKLISTE

Abschreibungssätze:
So vermindern sich die Werte

Gegenstand	Prozentsatz (max.)
Wohnhäuser	3
Geschäftshäuser	4
Gastwirtschaften/Hotels	6
Fabriken, Werkstätten, Lagergebäude	8
Lagereinrichtungen	15
Geschäftseinrichtungen	25
Apparate/Maschinen	30
Motorfahrzeuge	40
Büroeinrichtungen/EDV-Anlagen	40
Werkzeuge	45
Geschirr/Wäsche	45

Energiesparende Investitionen darf man in den ersten beiden Jahren um 50 Prozent abschreiben. Die Abschreibungssätze beziehen sich immer auf den Restwert. Bei linearer Abschreibung auf den Anschaffungswert sind diese Sätze zu halbieren.

Wurden in den Vorjahren wegen schlechten Geschäftsgangs nicht die höchstzulässigen Abschreibungssätze genutzt, so kann man dies in den darauf folgenden Jahren nachholen.

Mit Abschreibungen Steuern sparen

■ **Abschreibungen,** also die Wertverminderung auf Einrichtungen, Häuser etc., die Selbständigerwerbende von ihren Einnahmen abziehen dürfen, sind für sie eine der wichtigsten Steuersparmöglichkeiten.

Wie rasch ein Gebäude, ein Fahrzeug oder Büroeinrichtungen abgeschrieben werden dürfen, ist genau festgelegt (siehe Kasten links). In Spezialfällen, etwa wenn das Warenlager veraltet und nur noch schwer verkäuflich ist, können Geschäftsführer oder Inhaber auch höhere Abschreibungssätze beantragen.

■ **Rückstellungen** kann man für allfällige Risiken (z. B. Schuldner, die nicht zahlen, drohende Prozesskosten, fällige Entschädigungszahlungen etc.) vornehmen.

■ **Verluste** der letzten drei bis sieben Jahre (je nach Kanton) darf man unter gewissen Bedingungen vom Gewinn in Abzug bringen.

Bei einer Geschäftsaufgabe muss man auch die Buch- und Liquidationsgewinne (Mehrerlös gegenüber den Werten in der Buchhaltung) als Einkommen versteuern.

Geschäftliches von Privatem trennen

Private Belange sind vom Geschäft sauber zu trennen: Es braucht schon sehr stichhaltige Argumente, warum das Motorboot auf dem Bodensee oder der Ferrari der

Ehefrau über das Geschäft laufen soll. Plausibel ist solches eigentlich nur für Berufsfischer oder Bootsverleiher bzw. Garagisten und Rennfahrer.

Auch geht es nicht an, sich die Kinder von der Lehrtochter hüten oder den privaten Weinkeller auf Geschäftskosten füllen zu lassen. In krassen Fällen kann dies sogar als Steuerbetrug taxiert werden (siehe Seite 124). Trotzdem ist der Spielraum bedeutend grösser als bei Kaderangestellten (siehe Seite 8 ff.).

Grundsätzlich gilt, dass man alles abziehen darf, was «geschäfts-

Geschäfts- oder Privatliegenschaft?

Bei geschäftlich und privat genutzten Liegenschaften kommt es steuermässig sehr darauf an, welches der Hauptzweck ist: Nutzen Sie das Gebäude zu mehr als der Hälfte geschäftlich, so erfassen es die Behörden als Geschäftsliegenschaft (sogenannte Präponderanz-Methode).

Bei einem allfälligen Verkauf kann sich das in einigen Kantonen bitter rächen, weil dort Unternehmen den Nettoerlös als Kapitalgewinn versteuern müssen. Private hingegen müssen bloss die Grundstückgewinnsteuer bezahlen, die in aller Regel günstiger ist (vergleiche Seite 90 ff.).

Wie funktioniert die AHV für Selbständigerwerbende?

Ich habe mich vor kurzem selbständig gemacht. Worauf muss ich bei den Sozialversicherungen achten?

Selbständigerwerbende zahlen Arbeitgeber- und Arbeitnehmerbeiträge an die AHV/IV/EO alleine. Der AHV-Satz liegt bei maximal 9,5 Prozent. Grundlage ist die Steuererklärung, wobei ein zusätzlicher Abzug für die Betriebsinvestitionen möglich ist. Es lohnt sich darum, aus eigenen Mitteln hohe Anfangsinvestitionen vorzunehmen, da Sie diese abziehen dürfen.

mässig begründet» ist. So lassen sich (Ausland-)Reisen oft geschäftsmässig begründen, auch wenn das Vergnügen grösser war als der geschäftliche Erfolg.

Lohnempfänger hingegen können nur «zwingend erforderliche Berufsauslagen» geltend machen.

Luxus-Karossen: Behörden treten auf die Bremse
Ob für das Geschäftsessen tatsächlich ein Drei-Sterne-Restaurant nötig war oder ob die Kantine auch gereicht hätte, liegt im alleinigen Ermessen des Selbständig-

Einkommen: Verwaltungsräte und Stiftungsräte gelten als Angestellte
Verwaltungsräte, Stiftungsräte und ähnliche Funktionsträger gelten nicht als Selbständigerwerbende, sondern als Angestellte. So will es das revidierte Gesetz über die Mehrwertsteuer, das seit 2001 gilt. Bislang mussten Verwaltungsräte auch Mehrwertsteuer auf ihr Honorar abführen. Jetzt müssen sie ihre Entschädigungen nur noch als Einkommen versteuern (ohne Spesen).

erwerbenden. Die Steuerbehörden haben da grundsätzlich nicht dreinzureden. Eine Ausnahme gibt es allerdings bei Firmenautos: Die Limite liegt in aller Regel bei einem Anschaffungspreis von 100 000 Franken; darüber hinaus darf der Abzug nur noch in besonders begründeten Fällen erfolgen.

Privatbezüge dem Geschäftsgang anpassen
Bis zu einem gewissen Grad sind auch Steueroptimierungen zwischen privatem Einkommen (Lohnbezug des Geschäftseigentümers) und Unternehmensgewinn möglich: Liegt das Geschäft in einer tiefen Progressionsstufe oder macht es sogar Verlust, kann es sinnvoll sein, seine eigenen Bezüge (Salär, Dividenden, Zinsen etc.) zu reduzieren.

Die ausgewiesenen Privatbezüge müssen aber in einem vernünftigen Verhältnis zur Vermögensentwicklung und zum Lebensaufwand stehen. Denn auch der Inhaber eines Unternehmens muss – genauso wie jeder Lohnempfänger – als Privatperson eine Steuererklärung einreichen.

Freiberufler haben berufsspezifische Fragebogen einzureichen, die das Verfahren vereinfachen. Die Formulare sind beim Steueramt erhältlich.

Schon für kleinere Unternehmen lohnt sich meistens einen Treuhänder oder Steuerberater beizuziehen (siehe Kasten Seite 120). Dies gilt insbesondere bei Neugründungen oder auch bei Geschäftsübernahmen.

Die Ehefrau im Geschäft kann profitieren

Arbeitet die Ehefrau im Geschäft ihres Mannes mit, was in kleineren Betrieben die Regel ist, so kann man nicht nur ihr Flugticket, sondern auch ihren Lohn und privat einen Rabatt für Doppelverdiener in Abzug bringen (der Lohn bleibt allerdings privat steuerpflichtig). Einige Kantone kennen darüber hinaus sogar noch einen Sonderabzug für Ehepaare im gleichen Beruf bzw. Betrieb.

Ist das Einkommen beider Ehegatten gross genug (ab ca. 140 000 Franken), kann man für beide eine Firmenpensionskasse und bei der Säule 3a (gebundene Vorsorge) ein zusätzliches Konto einrichten. Wer keine eigene Pensionskasse führen will, kann sich auch der PK seines Branchenverbands anschliessen oder bei einer Bank oder Versicherung ein BVG-Konto einrichten.

Lohn für die Ehefrau?

Künftig werde ich im Betrieb meines Mannes mitarbeiten. Ist es steuerlich günstiger, wenn ich Lohn für meine Mitarbeit beziehe?

Ja, denn so können Sie der Betriebs-Pensionskasse beitreten. Gleichzeitig werden Sie zwar AHV-pflichtig, aber das kompensiert sich, wenn Ihr Mann seinen Lohn entsprechend reduziert. Nun können Sie regelmässige Einkäufe in die Pensionskasse tätigen sowie der Säule 3a beitreten, was Ihr steuerbares Einkommen entsprechend vermindert.

Sind beide Ehegatten voll haftende Gesellschafter oder Kommanditäre, ist sogar das grosse 3a-Konto mit maximal 31 824 Franken pro Jahr (2008) möglich (Seite 53 ff.). Sie dürfen jedoch nicht gleichzeitig einer Pensionskasse angehören.

Steuerrabatt für Grossaktionäre

Alle Deutschschweizer Kantone gewähren Grossaktionären eine Ermässigung auf die Besteuerung ihrer Dividenden. In BS und ZH ist sie beschlossen, aber noch nicht in Kraft. In BE, BL und SO sowie beim Bund ist diese Form der Steuerentlastung erst geplant, aber noch nicht beschlossen.

Der Rabatt soll die Doppelbesteuerung mildern, die insbesondere erfolgreiche unternehmergeführte Gesellschaften zu tragen haben. Denn erst muss ihr Unternehmen den Gewinn versteuern und anschliessend muss der Aktionär die daraus bezahlte Dividende auch noch als Einkommen versteuern. LU, NW und ZG setzen dabei die Schwelle bereits bei 5 Prozent Aktienbesitz an einem Unternehmen an, in OW und SH liegt sie bei 20 Prozent. Alle übrigen Kantone verlangen eine Mindestbeteiligung von 10 Prozent.

Die Entlastung beträgt in der Regel 50 Prozent, in ZG sind es nur 30, beim Bund und in AR 40 Prozent. AI gewährt Grossaktionären 55, AG und UR 60, SZ 75 und GL gar 80 Prozent Rabatt.

Renten und Kapitalleistungen
Die AHV ist nur im Ausland steuerfrei

Renten und Taggelder zählen als Einkommen und müssen versteuert werden. Doch mit der Pensionskasse und der privaten Vorsorge lässt sich ein gutes Polster fürs Alter schaffen – und zwar zu einem günstigen Steuertarif.

Renten, ob aus AHV/IV (1. Säule), Pensionskasse (2. Säule) oder privater Vorsorge (3. Säule), sind grundsätzlich ebenso steuerpflichtig wie Lohn.

Es gibt aber auch Ausnahmen: Leistungen der öffentlichen Sozialhilfe bzw. Armenfürsorge und Ergänzungsleistungen zu AHV/IV sind von der Steuer befreit. Auch Beiträge aus der gesetzlichen Verwandtenunterstützung unterliegen keiner Steuer (siehe Kasten unten).

Renten der Militärversicherung (MV) sind beim Bund und in allen Kantonen seit 1994 steuerpflichtig. MV-Leistungen, die bereits vor 1994 begründet wurden, bleiben aber überall steuerfrei.

■ **AHV- und IV-Renten** müssen Sie in allen Kantonen zu 100 Prozent versteuern. Den persönlichen und den Altersabzug dürfen Sie aber in den meisten Kantonen nicht mehr vornehmen.

Vor allem für Rentnerinnen und Rentner, die nur mit ihrer AHV und allfälligen Ergänzungsleistungen auskommen müssen, hat dies fatale Folgen. So zahlten Steuerpflichtige in der Stadt Zürich beispielsweise auf ihr Renteneinkommen von rund 24 000 Franken im Jahr 1999 noch 567 Franken Steuern. Im Jahr 2003 waren es 1340 Franken, also mehr als doppelt so viel. Angesichts solcher Härten haben einzelne Kantone entgegen dem Steuerharmonisierungsgesetz beschlossen, doch wieder Rentnerabzüge einzuführen (z. B.

Verwandtenunterstützung

Das Zivilgesetzbuch sieht vor, dass sich nahe Verwandte in auf- und absteigender Linie zu unterstützen haben, wenn sie ohne diesen Beistand in Not geraten würden (Artikel 328). Zwischen Eltern, Grosseltern, Kindern und Enkeln besteht also eine gesetzliche Pflicht zur gegenseitigen Unterstützung. Wer in Not gerät, hat Anspruch darauf, von seinen nächsten Verwandten (in der Reihenfolge der Erbberechtigung) finanzielle Hilfe zu erhalten. In (seltenen) Ausnahmefällen können sogar Geschwister zur Unterstützung ihres Bruders oder ihrer Schwester herangezogen werden.

Diese sogenannte Verwandtenunterstützung kann jedoch nur geltend gemacht werden,

wenn die Pflichtigen in günstigen, das heisst überdurchschnittlichen wirtschaftlichen Verhältnissen leben. Das Zivilgesetzbuch legt selbst nicht fest, ab welchen Einkommens- und Vermögensgrenzen von günstigen Verhältnissen ausgegangen werden kann. Diese Lücke wird durch die Richtlinien der Schweizerischen Konferenz für Sozialhilfe SKOS geschlossen. Nach Empfehlung der SKOS soll die Beitragsfähigkeit nur dann geprüft werden, wenn das steuerbare Einkommen bei Alleinstehenden über 60 000 Franken und bei Verheirateten über 80 000 Franken liegt.

Einschätzung und Rechnung kommen von der zuständigen Fürsorgebehörde.

BS, SH und SO) oder in den Tarif einzurechnen (BE, ZH). In Zürich zahlen Rentner nun auf 24 000 Franken Bruttoeinkommen noch 646 Franken.

Nur heimgekehrte Gastarbeiter und Auslandschweizer zahlen auf AHV-/IV-Leistungen keine schweizerischen Steuern – auch keine Quellensteuern (vgl. Seite 58).

AHV- und IV-*Renten* sind steuerpflichtig – dafür sind die AHV-/IV-*Beiträge* für Berufstätige überall steuerfrei und auf dem Lohnausweis bereits abgezogen (siehe Muster Seite 9).

Beim Bund und in AG, BE, BL, BS, JU, NW, OW, SG, SH, SZ, TG, TI, UR, VD, VS, ZG und ZH dürfen auch Nichterwerbstätige AHV-/IV-Beiträge ganz oder teilweise abziehen. In den übrigen Kantonen können sie zumindest den Versuch unternehmen, da sie sich hier auf Bundesrecht stützen können.

Abklärungen über die IV-Berechtigung dauern meistens länger. Die ersten IV-Renten erfolgen darum oft als Kapitalauszahlung für mehrere Monate. Solche Kapitalzahlungen sind dafür steuerlich geringfügig privilegiert.

Unfallrenten sind überall steuerpflichtig

■ **EO-Taggelder** sind Ersatzeinkommen. Selbständige und Nichterwerbstätige müssen sie darum voll versteuern. Bei Angestellten gehen sie normalerweise an den Arbeitgeber, der dafür den Lohn ausrichtet.

■ **Taggelder der Krankenkassen** sind zwar steuerpflichtig. Vorab

4
Renten und Kapitalleistungen

darf man jedoch Krankheitskosten, die man selber tragen muss (z. B. nicht kassenpflichtige Medikamente), abziehen. In BS gibt es keinen solchen Abzug, dafür sind aber die Krankenkassenprämien von der Steuerpflicht befreit.

■ **ALV-Taggelder, Kurzarbeits- oder Schlechtwetter-Entschädigungen** ersetzen das Einkommen. Darum muss man sie voll versteuern. Eine Ausnahme gibt es nur dort, wo die ALV Kosten des Versicherten ersetzt, beispielsweise für Kurse, Lehrmittel oder Reisen.

Offiziell ist es zwar noch immer nicht, aber in der Praxis hat sich durchgesetzt, dass Arbeitslose ihre **Bewerbungskosten** als Berufsauslagen vom Einkommen abziehen dürfen. BS löst das Problem, indem auch Arbeitslose den Pauschalabzug für Berufstätige vornehmen dürfen (siehe Seite 30).

■ **UVG-Renten und UVG-Taggelder** sowie Kapitalleistungen gemäss

Unfallversicherungsgesetz sind überall zu 100 Prozent zusammen mit dem übrigen Einkommen steuerpflichtig.

Einen Sonderstatus geniessen einzig Nichtbetriebs-Unfallrenten – vorläufig noch – in den Kantonen AI, AR, SG und ZH. Massgebend ist hier der Finanzierungsgrad:

- Ausschliesslich selbst finanzierte Renten sind zu 40 Prozent steuerpflichtig.
- Mehr als 20 Prozent selbst finanzierte Renten sind zu 80 Prozent steuerpflichtig.
- Weniger als 20 Prozent selbst finanzierte Renten sind zu 100 Prozent steuerpflichtig.

Statt in Form einer Rente kann man sich seine Ansprüche aber auch auf einmal als Kapitalleistung auszahlen lassen. Dies hat den Vorteil, dass das ausbezahlte Kapital zum günstigeren Steuersatz der Kapitalleistungen aus der 2. und 3. Säule besteuert wird. Und der ist bedeutend tiefer als die Einkommenssteuer (siehe Tabellen Seiten 56 und 57).

- **Genugtuungssummen** sind beim Bund und in sämtlichen Kantonen steuerbefreit. Denn sie stellen keinen Lohnersatz dar, sondern sind als Schmerzensgeld gedacht. Häufig werden sie – beispielsweise nach einem Unfall – auch zusätzlich zu einer steuerpflichtigen Rente oder Kapitalabfindung ausbezahlt.
- **Hausfrauen- und Integritätsentschädigungen** sind mit dem Gesetz zur Steuerharmonisierung überall von der Steuer befreit worden.

Die 2. Säule: Alterskapital aus der Pensionskasse

Einkommen, das in die Pensionskasse (PK) fliesst, müssen Sie nicht versteuern. Aber aufgeschoben ist nicht aufgehoben: Dafür müssen Sie später die Pensionskassenrenten versteuern. Sämtliche Kapitalleistungen der 2. Säule müssen Sie in der Steuererklärung angeben. Unabhängig davon sind die Pensionskassen, Versicherungen oder Banken ihrerseits aber verpflichtet, den Steuerbehörden unaufgefordert Meldung zu machen.

Rente oder Kapitalbezug: Eine schwerwiegende Entscheidung

Alle Kassen sind verpflichtet, ihren Versicherten mindestens ein Viertel des angesparten Kapitals in bar auszurichten, wenn diese das wünschen. Viele Pensionskassen verlangen aber, dass man spätestens drei Jahre vor der Pensionierung mitteilt, ob man den Kapitalbezug wünscht. Ansonsten erfolgt grundsätzlich die Rentenzahlung. In der Praxis wird das allerdings längst nicht mehr so strikt gehandhabt. Häufig akzeptieren die Kassen ein nachträgliches Umbesinnen noch.

Trotzdem sollten Sie sich spätestens mit 55 Jahren über die Auszahlungsvarianten Ihrer Pensionskasse informieren und das entsprechende Reglement prüfen. Dabei sollten Sie die steuerlichen Aspekte sicherlich in Ihre Überlegungen einbeziehen.

Kapitalabfindung unterliegt nicht der vollen Progression

Die Steuerbehörden behandeln Kapitalabfindungen aus der Pensionskasse (2. Säule) wie Kapitalleistungen aus der gebundenen Selbstvorsorge 3a: Alle Kantone und der Bund besteuern sie getrennt vom übrigen Einkommen. Sie unterliegen also nicht der normalen Progression auf dem Gesamteinkommen, sondern sind nur in Abhängigkeit von der Höhe der Kapitalleistung progressiv.

Beim Bund und in vielen Kantonen sind sie nur zu einem Fünftel des Normalsatzes steuerpflichtig. Die kantonalen Unterschiede sind vorläufig jedoch noch gross (siehe Tabelle Seite 56).

Zudem zählen der Bund und die Kantone AR, BE, BL, BS (ausser bei Ehegatten), FR, GE, GL, JU, LU, NE, OW, SH, SO, SZ, TG, TI, ZG und ZH mehrere Kapitalleistungen, die im gleichen Jahr ausbezahlt werden (z. B. BVG, «Bel Etage», Säule 3a), einfach zusammen. Und dies führt dann doch zu einer Progression. Ausser BS, BL und SG zählen alle Kantone auch Kapitalleistungen an den Ehepartner im gleichen Jahr hinzu.

Nach Möglichkeit sollten Sie also darauf achten, dass Sie verschiedene Kapitalabfindungen Ihrer Vorsorgekonti gestaffelt auf mehrere Jahre verteilt beziehen. So wirkt sich die Steuerprogression weniger stark aus (siehe Kasten Seite 55).

Geld auf einem Freizügigkeitskonto kann man übrigens auch über das offizielle Pensionierungsalter hinaus liegen lassen und somit weiterhin vom relativ guten Zinssatz profitieren. Dies allerdings nur bis zum 70. Altersjahr (Frau 69). Dann gelangt das angesparte Pensionskassenkapital definitiv zur Auszahlung. Neuerdings darf man auch sein 3a-Konto bis

Schritt in die Selbständigkeit:
Darf die Pensionskasse die Auszahlung verweigern?

Mit 63 möchte ich mich endlich selbständig machen. Doch die Pensionskasse verweigert mir die Auszahlung meines Alterskapitals. Sie will mir lediglich eine Rente zahlen. Muss ich das hinnehmen?

Ja. Das Versicherungsgericht hat im Dezember 1994 entschieden, dass Kapitalauszahlungen nicht mehr erfolgen dürfen, wenn der Versicherte bereits das Frühpensionierungsalter erreicht hat (soweit die Kasse diese Möglichkeit vorsieht). Die gleiche Regelung gilt auch für den Wegzug ins Ausland oder den Kapitalbezug für Wohneigentum.

Damit will der Gesetzgeber verhindern, dass ältere Arbeitnehmer kurz vor der Pensionierung eine fiktive Selbständigkeit oder Auswanderung vortäuschen, um so vorzeitig an ihr Alterskapital heranzukommen.

Ein Ausweg kann sein, dass Sie sich frühpensionieren lassen oder das ordentliche Pensionsalter abwarten.

69/70 weiter alimentieren, allerdings nur, wenn man weiter einem AHV-pflichtigen Erwerb nachgeht.

Einmalige Kapitalabfindung: Steuer zum Sondertarif

Die Kantone AI, BL, JU, SG, TG, TI und VS rechnen einmalige Kapitalabfindungen am Ende eines Arbeitsverhältnisses in eine – theoretische – Rente um (Beispiel im Kasten unten). Um den genauen Betrag zu ermitteln, verwenden die Versicherungen und Steuerbeamten spezielle Umrechnungstabellen. Diese fiktive Rente besteuern sie sodann separat vom übrigen Einkommen.

Auch die übrigen Kantone und der Bund erfassen die Kapitalabfindungen zwar vollumfänglich, aber nur zu einem Bruchteil des normalen Steuersatzes für ein Einkommen in der Höhe der Kapitalleistung: Bund, GE, SH, SO je $\frac{1}{5}$; NE $\frac{1}{4}$; LU, VD $\frac{1}{3}$; AG, NW, OW, UR $\frac{2}{5}$. GR, TG und TI besteuern Kapitalleistungen zu $\frac{1}{15}$ und ZH zu $\frac{1}{10}$ des normalen Steuersatzes. AR, BE, BS, FR und ZG wenden einen progressiven Sondertarif an, der zwischen 2 und 8 Prozent der Kapitalleistung liegt; GL $\frac{1}{20}$ der Kapitalleistung. In den meisten Kantonen gibt es zudem Mindest- bzw. Höchstsätze.

Lassen Sie sich Ihr Pensionskassenkapital wegen eines Stellenwechsels auszahlen, so sind darauf keine Steuern fällig. Dies allerdings nur, wenn Sie sich damit innerhalb eines Jahres wieder in eine Personalfürsorgestiftung gemäss BVG einkaufen oder es für die Einzahlung auf ein Freizügigkeitskonto nutzen.

Beispiel: Steuer für Kapitalabfindung in Liestal

Ein 65-jähriger verheirateter Liestaler erhält

ein Alterskapital von	Fr. 300 000.–
steuerpflichtig	Fr. 300 000.–
lebenslängliche Rente pro Fr. 1000.– = Fr. 50.77 *	
auf das ganze Kapital	Fr. 15 231.–
Steuersatz auf Fr. 15 231.– 2,74 Prozent	
Steuerfuss Kanton/Gemeinde/Kirche 167,5	
Steuer: Fr. 300 000.– x 2,74 Prozent x 1,675 =	**Fr. 13 768.–**

* Zur Berechnung der Steuer wird die einmalige Kapitalabfindung in eine fiktive Rente umgewandelt

Kapitalabfindung: Steuerrechnung beim Bund

steuerpflichtig	Fr. 300 000.–
Steuer auf ein entsprechendes Einkommen	Fr. 23 187.–
davon 20 Prozent *	**Fr. 4 637.–**

* Besteuerung zu reduziertem Steuersatz, beim Bund 20% des normalen Einkommens

Frühpensionierung: Wie muss ich die Abgangsentschädigung versteuern?

Ich bin bereits mit 59 Jahren frühpensioniert worden. Zur Überbrückung bis zum offiziellen Rentenalter erhielt ich vom Arbeitgeber 100 000 Franken Abgangsentschädigung. Wie muss ich dieses Geld versteuern?

Abgangsentschädigungen oder Kapitalabfindungen sind in der Regel Einkommensersatz und darum auch als Einkommen zu versteuern. Ab dem 55. Altersjahr akzeptieren Bund und Kantone solche Kapitalabfindun-gen aber als Altersvorsorge, sofern sie mit der Pensionierung verbunden sind und eine Vorsorgelücke in der Pensionskasse entsteht.

Das hat den Vorteil, dass sie zum sehr viel tieferen Satz für Kapital-leistungen aus der 2. Säule steuer-pflichtig sind statt zum stark pro-gressiven Einkommenssteuersatz (siehe Seite 14 f.).

Details dazu entnehmen Sie dem Kreisschreiben 1, Steuerperiode 2003, der Eidgenössischen Steuer-verwaltung.

Rentenzahlungen im Todesfall wer-den nicht überall getrennt vom Ein-kommen – also ohne Auswirkun-gen auf die Progression – besteu-ert. Die Kantone AI, BS, GE, LU, SG und SH wenden die normalen, progressiven Sätze an. Ausnah-men machen diese Kantone nur, wenn Ehepartner, die Kinder oder die Enkel die Begünstigten sind.

«Bel Etage» darf nicht allzu üppig ausgestattet sein

Die überobligatorische Pensions-kasse («Bel Etage») eignet sich hervorragend als Instrument zur Steuerersparnis. Unternehmen richten solche Versicherungen häu-fig für ihre Kader ein. Zulässig ist sie, sofern für ganze Kaderstufen einheitliche Regelungen gelten. Zu-dem darf sie nicht unanständig viel höher sein als für das übrige Per-sonal. Die Steuerbehörden tolerie-ren normalerweise Belastungen bis maximal 30 Prozent des Loh-nes. Ist die Bel Etage allzu üppig ausgestattet, muss sie sich das Unternehmen zum steuerbaren Ge-winn aufrechnen lassen. Wenn Allein- oder Familienaktionäre sich mit der Kaderversicherung zu krass privilegieren, können die Steuerbehörden ihnen dies als verdeckte Gewinnausschüttung anlasten (siehe auch Seite 11).

Steuervorteile beim Einkauf in die Pensionskasse

Auch freiwillige Einkäufe in die Pensionskasse (soweit im Stif-tungsreglement vorgesehen) sind abzugsfähig. Dies ist aber nur möglich, wenn zwischen dem ef-fektiv angesparten Rentenkapital und dem theoretisch möglichen Maximalbetrag aufgrund fehlender Dienstjahre oder höheren Einkom-mens eine «Versorgungslücke» besteht. Mitgebrachte Freizügigkeitsleistungen sind jedoch anzurechnen.

Die Ausnahme bildet GE, wo der Abzug für Pensionskasseneinkäufe höchstens 20 Prozent des Einkommens ausmachen darf. Der Einkauf sollte nach Möglichkeit zeitlich gestaffelt erfolgen, um die Progression über mehrere Steuerperioden zu brechen.

Aufstockung der PK ist an bestimmte Auflagen geknüpft

Die bisherigen Einkaufsgrenzen in die Pensionskasse sind auf Anfang 2006 gestrichen worden. Als Ersatz für diese Einschränkung verlangt nun aber auch der Bund, dass zuerst Vorbezüge für Wohneigentum zurückbezahlt werden und dass die aus den Einkäufen resultierenden Leistungen innerhalb der nächsten drei Jahre nicht in Kapitalform bezogen werden dürfen. Zudem darf der maximal versicherbare Lohn nicht höher liegen als das Zehnfache des oberen Grenzbetrages, also höchstens 795 600 Franken.

Ausgenommen von diesen Beschränkungen ist die Wiederaufstockung nach einer Scheidung (hälftige Aufteilung des Pensionskassenkapitals).

Auch die allermeisten Steuerbehörden (ausser BE, FR, UR und VS) akzeptieren Einkäufe in die Pensionskasse neuerdings nur noch, wenn sie mindestens 3 bis 5 Jahre vor der Ausschüttung der Altersleistung erfolgen oder in Form einer Rente bezogen werden.

Erst nachzahlen, dann günstig wieder beziehen

Für den Einkauf dürfen auch Gelder aus der Säule 3a benutzt werden. Ein Steuervorteil lässt sich daraus aber nicht erzielen, da die Verschiebung steuerneutral erfolgt. Aber man kann von der meist besseren Verzinsung in der Pensionskasse profitieren.

Legal ist auch der Trick, Geld einkommenssteuerfrei in die Pensionskasse nachzuzahlen, um es dann später zum milden Rentensatz für selbst genutztes Wohneigentum wieder zu beziehen (BE zum Vorsorgetarif). Neuerdings dürfen Nachzahlungen frühestens aber nach drei Jahren wieder be-

---

FRAGE

Pensionskasse: Welcher Zeitpunkt gilt für die Barauszahlung?

Ich bin mit 54 aus dem Kader unseres Betriebs ausgeschieden, weil man mich zurückversetzen wollte. Eine vergleichbare Stellung zu finden ist in meinem Alter praktisch aussichtslos. Darum möchte ich nach Amerika auswandern, wo ich ein Haus besitze. Worauf ist zu achten, damit ich mein Pensionskassenvermögen erhalte?

Grundsätzlich steht es jedem Schweizer frei, einen Wohnsitz zu begründen oder aufzugeben. In der Schweiz können Sie sich abmelden, sobald Sie im Ausland offiziell Wohnsitz genommen haben. Das Kapital Ihrer 2. Säule sollten Sie sich aber erst auszahlen lassen, wenn Sie Ihr Lebenszentrum wirklich an den neuen Wohnsitz verlegt haben. Nur dann erfolgt die Auszahlung des Vorsorgekapitals steuerfrei (bzw. bloss unter Abzug der meist rückforderbaren Quellensteuer; siehe Tabelle Seite 58).

Entscheidend ist dabei der Termin der effektiven Auszahlung und nicht etwa des Antrags auf Auszahlung, wie das Verwaltungsgericht BL im Juni 1997 festgehalten hat.

zogen werden. Zudem müssen bereits erfolgte Vorbezüge zuerst zurückbezahlt werden, bevor Nachzahlungen wieder steuerwirksam abgesetzt werden dürfen.

Liestal BL besteuert eine Kapitalleistung von 100 000 Franken beispielsweise mit 3837 Franken (Bund, Kanton, Gemeinde). Bei einem Grenzsteuersatz von 30 Prozent wären darauf 30 000 Franken Einkommenssteuern fällig. Die Steuerersparnis beträgt also 26 091 Franken. Zwischen Ein- und Auszahlung sollten aber – je nach Kanton – mindestens 3 bis 5 Jahre liegen, sonst taxieren die Behörden dieses Vorgehen als Steuerumgehung (siehe auch Seite 124).

Einkauf in die Pensionskasse: Nichts für jüngere Personen

Bei allen steuerlichen Vorteilen, die damit verbunden sind, ist aber vor allem jüngeren Personen vom Einkauf in die Pensionskasse abzuraten. Weil das Kapital grundsätzlich bis zum Rentenalter gebunden ist, fehlt es nämlich oft genau dann, wenn man es am dringendsten benötigen würde, zum Beispiel bei Scheidung, Lohneinbusse, Zweitausbildung oder Arbeitslosigkeit.

Nicht ausgeschlossen ist zudem, dass der Fiskus nachträgliche Einkäufe in die PK später doch noch der Steuerpflicht unterstellt. Das wäre möglich (auch rückwirkend). Denn solche Einkäufe sind zwar in vielen Pensionskassenreglementen vorgesehen, nicht aber im Gesetz.

Die 3. Säule: Geld aus der privaten Vorsorge

Wenn allgemein von der 3. Säule die Rede ist, so ist dies etwas ungenau. Denn die 3. Säule hat – genau genommen – zwei Beine: die gebundene Säule 3a und die freie Säule 3b. In beiden Typen geht es um das freiwillige Sparen.

Dabei ist ein Teil – das Sparen über die Säule 3a – steuerlich begünstigt: Die Steuerpflichtigen können ihre Einlagen auf Konten der Säule 3a vom Einkommen abziehen. Auch die Zinserträge müssen sie nicht versteuern.

Die Säule 3a funktioniert sehr ähnlich wie die 2. Säule. Die steuerliche Behandlung ist identisch. Und: Das Geld ist ebenfalls nicht mehr frei verfügbar. Deshalb spricht man von «gebundener Vor-

---

TIPP

Konto 3a: Anfang Jahr einzahlen

Die meisten Leute zahlen erst gegen Ende Jahr in die Säule 3a ein. Das ist aber falsch, weil die gebundene Vorsorge nicht nur steuerlich, sondern auch zinsmässig privilegiert ist.

Also: Statt das Geld auf dem schlecht verzinsten Sparkonto liegen zu lassen, überweisen Sie es gleich zu Jahresbeginn auf das Vorsorgekonto. Eine reduzierte Steuerpflicht tritt erst beim Bezug des Kapitals ein (siehe Tabellen Seiten 56 und 57).

Wichtig: Einmal verpasste Einlagen in die Säule 3a dürfen Sie nicht mehr nachholen. Dies gilt im Gegensatz zur 2. Säule (Pensionskasse). Dort sind nachträgliche Einkäufe bis zum zulässigen Maximum möglich, sofern Ihre Personalvorsorgestiftung tatsächlich eine solche Regelung kennt. Die Details dazu können Sie Ihrem Pensionskassenreglement entnehmen.

Säule 3a trotz voller IV-Rente?

Ich beziehe eine volle IV- und UVG-Rente. Bei der Pensionskasse meines früheren Arbeitgebers bin ich wegen des Unfalls prämienbefreit. Darf ich trotzdem auf das Säule-3a-Konto den jährlichen Maximalbetrag von 6365 Franken einzahlen?

Nein. Voraussetzung für den Aufbau einer gebundenen individuellen Vorsorge im Rahmen der Säule 3a ist in jedem Fall eine Erwerbstätigkeit. Es genügt nicht, dass irgendein AHV-pflichtiges Einkommen vorliegt. Hingegen haben Sie die Möglichkeit, analog zu einem Selbständigerwerbenden im Maximum 20 Prozent auf ein allfällig weiteres AHV-pflichtiges Einkommen in die Säule 3a einzubezahlen und diesen Betrag von Ihrem Einkommen in Abzug zu bringen.

3a-Konto: Vorzeitige Geldbezüge sind nur sehr beschränkt möglich

Konten der Säule 3a darf man frühestens fünf Jahre vor Erreichen des Pensionsalters auflösen. Vorzeitige (Teil-)Rückzüge sind gesetzlich sehr beschränkt. Zulässig sind sie in folgenden Fällen:

- zur Finanzierung von selbst genutztem Wohneigentum, zur Abzahlung von Hypotheken und für Umbauten (alle 5 Jahre)
- beim definitiven Verlassen der Schweiz
- beim Wechsel vom Angestelltenverhältnis zu selbständiger Tätigkeit
- im Invaliditäts- oder Todesfall

Die Rückzüge sind also analog zu den Vorbezügen aus der Pensionskasse möglich, wobei dort ein Mindestbezug von 20 000 Franken verlangt ist. Wer die Schweiz definitiv verlässt, darf sich das PK-Kapital nur auszahlen lassen, wenn das Ziel ein Land ausserhalb der EU bzw. der Efta ist.

Teilrückzüge sind in den letzten fünf Jahren vor Erreichen des Pensionsalters nicht mehr möglich. Will man dann einen Teilbetrag zurückziehen, wird das ganze Konto fällig. Aus steuerlicher Sicht kann es sich also lohnen, schon vorher einen Teilrückzug zur Finanzierung oder Amortisation von Wohneigentum zu tätigen.

sorge». Wichtigster Unterschied zur 2. Säule: Es gibt keine Übergangsregelung, denn die Beiträge waren steuerlich schon von Anfang an voll abzugsfähig. Und: Die Einzahlungen sind freiwillig. Der maximal steuerbegünstigte Betrag ist jedoch begrenzt: Für Unselbständigerwerbende liegt er bei 6365 Franken (2008).

Dieser Betrag gilt auch für Teilzeitler, falls sie einer Pensionskasse angeschlossen sind. Ohne Pensionskasse können Teilzeitler bis zu 20 Prozent ihres Erwerbseinkommens in die Säule 3a einzahlen.

Bei Selbständigerwerbenden ohne Pensionskasse liegt das Maximum bei 20 Prozent des AHV-pflichtigen Einkommens, höchstens aber bei 31 824 Franken im Jahr 2008.

Vorsicht: Überhöhte Beitragszahlungen muss man unbedingt wieder zurückfordern, sonst muss man sie bei der Auszahlung noch einmal versteuern.

Auch Arbeitslose können in die 3. Säule einzahlen

Und was geschieht bei Selbständigen mit Teilzeitanstellung, zum Beispiel einem Spitalarzt mit eigener Praxis? Auch hier gilt der Maximalbetrag von 6365 Franken, wobei es dem Betreffenden freisteht, einer Pensionskasse beizutreten und dort die Leistungen nach seinen persönlichen Bedürfnissen zu erhöhen.

Wer nur vorübergehend arbeitslos ist und Taggelder von der Arbeitslosenversicherung (ALV) be-

Säule 3a bringt viel Zins: 5 Prozent nach Steuern

Steuereffekt bei Einzahlung	jährlich	6 365
	Steuerersparnis	2 419
	Effektiver Kapitaleinsatz	3 946
Vermögenssteuereffekt	**Steuerersparnis über 25 Jahre**	**8 200**
Steuereffekt bei Auszahlung	Aufgelaufenes Kapital (2 % Zins)	208 000
	Steuern auf Auszahlung	13 000
Kapitalauszahlung nach Steuern		195 000
Total	**Nettoverzinsung nach Steuern**	**5,2 Prozent**

Basis: 35-jähriger Mann, verheiratet, Grenzsteuersatz 38 %, Stadt Zürich, reformiert; Laufzeit 25 Jahre (Angaben in Franken)

zieht, darf in die Säule 3a einzahlen. Dieser Praxis der Eidgenössischen Steuerverwaltung haben sich inzwischen praktisch alle Kantone angeschlossen.

Nichterwerbstätige (zum Beispiel Ausgesteuerte, frühzeitig Pensionierte und Hausfrauen) dürfen keine Gelder in die Säule 3a legen. Dies geht aus einem nicht publizierten Urteil des Bundesgerichts hervor.

Säule 3b: Das Sparkonto bringt keine Steuervorteile

Ob Sie die Säule 3a bei einer Bank (Vorsorgekonto) oder einer Versicherung (Vorsorgepolice) einrichten, hängt von Ihren persönlichen Bedürfnissen ab. Versicherungen bieten einen zusätzlichen Risikoschutz; Banken erzielten bisher die besseren Renditen (nähere Details dazu finden Sie im Saldo-Ratgeber «Die drei Säulen»).

Die Säule 3b, also das ganz gewöhnliche Sparen, geniesst dagegen kein Steuerprivileg – abgesehen von einem kleinen Freibetrag für Versicherungen und Sparerträge. Steuerlich interessant sind aber die Sparversicherungen, die ebenfalls unter die Säule 3b subsumiert werden (siehe auch Seite 66 ff.).

TIPP

Geld aus 3. Säule gestaffelt beziehen bringt Einsparungen bei den Steuern

Um die Steuerprogression zu brechen, lohnt es sich in vielen Fällen, mehrere Vorsorgekonti zu eröffnen. So können Sie – frühestens ab dem 60. beziehungsweise 59. Altersjahr – jedes Jahr ein Konto auflösen. Lösen Sie das gesamte Alterskapital mit 65 (Männer) bzw. 64 (Frauen) auf einmal auf, ist das steuerlich bedeutend teurer, wie ein Beispiel aus der Stadt Bern (Bundes-, Staats-, Gemeinde- und Kirchensteuern) zeigt:

Altersguthaben	500 000
Steuern bei einmaligem Bezug	47 264
Steuern bei fünf Auszahlungen	25 600
Steuereinsparung	**21 664**

(alle Beträge in Franken; verheirateter Rentner, 65)

Auch wenn mehrere Vorsorgekonti bestehen, dürfen Sie den jährlichen maximalen Einzahlungsbetrag nicht überschreiten. Darüber hinausgehende Beträge verlieren das Steuerprivileg.

Steuer auf Kapitalleistungen der Pensionskasse und der Säule 3a

Kanton/ Hauptort	Auszahlung 100 000 Franken Mann 65/Frau 64	Auszahlung 500 000 Franken Mann 65/Frau 64
Bund	569	10 853
AG Aarau	5016	53 878
AI Appenzell	4059	35 073
AR Herisau	**6577**	41 987/43 245
BE Bern	4942	45 857
BL Liestal	3837	32 021/34 556
BS Basel	5247	47 423
FR Freiburg	6232	**59 883**
GE Genf	5050	40 063
GL Glarus	6547	40 923
GR Chur	5050	32 593
JU Delsberg	6257	49 073
LU Luzern	5230	44 598
NE Neuenburg	6402	45 474
NW Stans	5039	41 041
OW Sarnen	6030	36 605
SG St. Gallen	4881	43 553
SH Schaffhausen	3099	32 621
SO Solothurn	4287	41 253
SZ Schwyz	**1836**	37 235
TG Frauenfeld	6177	39 073
TI Bellinzona	4437	**30 373**
UR Altdorf	3802	32 868
VD Lausanne	6213	58 496
VS Sitten	4797	48 693/49 364
ZG Zug	3029	31 723
ZH Zürich	4937	44 950

Lesebeispiel: Auf eine Kapitalleistung von 100 000 Franken bezahlt ein verheirateter 65-jähriger Mann in Frauenfeld 6177 Franken Steuern (kinderlos, Konfession nicht berücksichtigt; inkl. Bundessteuer. Stand Herbst 2007).

fett: niedrigste und höchste Steuerbelastung; Beträge in Franken

Quelle: Tribut AG, Niederwangen BE

Auszahlung der Säule 3a: Steuern schmälern Ersparnis

Ein 35-Jähriger zahlt bis Alter 65 jährlich 5000 Franken auf ein Konto 3a. Bei einer Durchschnittsverzinsung von 3 Prozent sind im AHV-Alter 245 013 Franken auf seinem Konto.

Kanton/ Hauptort	Einkommen 65 000 Franken			Einkommen 120 000 Franken		
	Steuer- ersparnis	Steuer bei Bezug	gespart netto	Steuer- ersparnis	Steuer bei Bezug	gespart netto
AG Aarau	36 910	21 924	**14 986**	47 140	**21 924**	25 216
AI Appenzell	36 835	15 420	21 415	47 876	15 420	32 456
AR Herisau	42 331	18 939	23 392	58 138	18 939	39 199
BE Bern	50 442	18 333	32 109	66 621	18 333	48 288
BL Liestal	43 779	12 226	31 553	67 035	12 226	54 809
BS Basel	51 724	20 394	31 330	66 538	20 394	46 144
FR Freiburg	47 628	**24 950**	22 678	68 731	**24 950**	43 781
GE Genf	54 290	17 062	37 228	72 207	17 062	55 145
GL Glarus	48 124	18 866	29 258	62 069	18 866	43 203
GR Chur	44 566	11 210	33 356	64 717	11 210	53 507
JU Delsberg	52 883	21 636	31 247	69 311	21 636	47 675
LU Luzern	41 917	18 977	22 940	58 552	18 977	39 575
NE Neuenburg	**58 469**	21 096	**37 373**	75 624	21 096	54 528
NW Stans	39 642	18 189	21 453	50 400	18 189	32 211
OW Sarnen	39 104	18 996	20 108	49 283	18 996	30 287
SG St. Gallen	49 283	16 799	32 484	66 745	16 799	49 946
SH Schaffhausen	41 545	13 126	28 419	59 214	13 126	46 088
SO Solothurn	49 159	17 114	32 045	63 186	17 114	46 072
SZ Schwyz	**31 655**	**11 024**	20 631	45 890	**11 024**	34 866
TG Frauenfeld	47 876	17 959	29 917	52 593	17 959	34 634
TI Bellinzona	48 166	13 696	34 470	65 586	13 696	51 890
UR Altdorf	33 104	14 196	18 908	52 966	14 196	38 770
VD Lausanne	45 062	23 242	21 820	64 883	23 242	41 641
VS Sitten	38 979	16 492	22 487	**76 097**	16 492	**59 605**
ZG Zug	28 386	13 076	15 310	**41 214**	13 076	28 138
ZH Zürich	38 349	14 921	23 428	57 062	14 921	42 141

Lesebeispiel: Ein Aarauer mit einem Bruttoeinkommen von 65 000 Franken spart dank seinen Einzahlungen von jährlich 5000 Franken auf sein Vorsorgekonto 3a über 30 Jahre 36 910 Franken Steuern (Wiederanlage zu 2 Prozent). Bei der Auszahlung im Alter 65 muss er aber 21 924 Franken Steuern abliefern, sodass ihm letztlich eine Netto-Steuerersparnis von 14 986 Franken bleibt. Vereinfachend wird angenommen, alle Steuerzahler in den obigen Beispielen seien verheiratet und Alleinverdiener (Stand Herbst 2007).

fett: die höchsten und die tiefsten Beträge (in Franken)

Quelle: Tribut AG, Niederwangen BE

Alterswohnsitz im Ausland: Bei der Auszahlung der 2. und 3. Säule wird die Quellensteuer fällig

Kanton	Auszahlung 400 000 Franken	Auszahlung 600 000 Franken	Auszahlung 1 500 000 Franken
AG	42 800	69 000	181 500
AI [1]	32 075	49 275	124 500
AR	32 075	49 275	124 500
BE	36 075	55 275	139 500
BL	20 888	38 188	136 063
BS	36 825	58 025	151 250
FR	**49 275**	**78 475**	207 301
GE	30 761	49 024	130 085
GL	40 075	61 275	154 500
GR	56 075	85 275	214 500
JU	35 925	56 125	139 800
LU	37 537	58 503	147 725
NE	36 494	55 904	141 000
NW	28 075	43 275	109 500
OW	29 645	45 632	115 402
SG	32 075	49 275	124 500
SH	28 000	42 000	**105 000**
SO	34 000	54 000	135 000
SZ	**18 075**	28 275	72 000
TG	48 075	73 275	184 500
TI	22 633	35 113	**163 066**
UR [1]	26 572	41 773	108 000
VD [1]	43 424	72 150	185 805
VS	38 720	67 260	169 500
ZG	28 075	**43 275**	109 500
ZH	32 075	49 275	124 500

Lesebeispiel: Ein Steuerpflichtiger (Mann, verheiratet, 60 Jahre) mit Wohnsitz ausserhalb EU/Efta zahlt für eine Kapitalauszahlung von 600 000 Franken dem Kanton SZ 28 275 Franken. Dem Kanton GR müsste er 85 275 Franken, also das Dreifache, abführen.

[1] unterschiedliche Tarife für Verheiratete und Alleinstehende
fett: die höchsten und die tiefsten Beträge; Beträge in Franken

Quelle: Liberty Stiftung, Schwyz 2007

Alimentenzahlungen, Kinderzulagen und Kapitalabfindungen

Beim Bund und in allen Kantonen darf man die Unterhaltsbeiträge, also die Alimentenzahlungen für Ehepartner und minderjährige Kinder, vom Einkommen abziehen. Sie sind jedoch beim Empfänger steuerpflichtig.

Pech haben Alimentenzahler mit Wohnsitz in Deutschland: Sie dürfen die Alimente nicht vom Einkommen abziehen; in der Schweiz bleibt die Empfängerin aber steuerpflichtig. In solchen Fällen bietet sich die Kapitalabfindung an (siehe Text rechte Spalte).

Alimente für Kinder muss man bis zu deren Volljährigkeit versteuern, danach müssen die jugendlichen Empfänger sie selbst versteuern. BS ermässigt die kantonale Einkommenssteuer beim Alimentenempfänger um 500 Franken pro Kind.

Alimente sind nur für minderjährige Kinder steuerpflichtig. Jugendliche über 18 Jahre müssen ihre Ausbildungs-Alimente nicht versteuern. Kehrseite der Medaille: Auch der Elternteil, der gemäss Scheidungsurteil die Ausbildungs-Alimente bezahlen muss, darf sie nicht vom Einkommen in Abzug bringen. Dafür darf der Zahler nun den Kinderabzug geltend machen (siehe Tabelle Seite 36).

Es ist allerdings völlig in Ordnung, wenn eine allein erziehende Mutter für ihre volljährigen Kinder in Ausbildung den Kinderabzug geltend macht und der Alimente zahlende Vater gleichzeitig den Unterstützungsabzug vornimmt, wie das Bundesgericht im Januar 2002 entschieden hat.

Kinderzulagen (siehe Tabelle Seite 27) gehen meist an den erziehungsberechtigten Elternteil, soweit er erwerbstätig ist (in der Regel mindestens 40 Stunden pro Monat). Sonst fliessen sie an den Alimentenzahler, gehen aber an den Erzieher, in dessen Haushalt das Kind lebt. Kinderzulagen zählen zum Einkommen und müssen versteuert werden.

Kapitalabfindungen: Weder Steuern noch Abzüge

Anders als dies für Alimente in Rentenform geregelt ist, erfasst der Fiskus Kapitalabfindungen beim Empfänger nicht. Sie sind beim Leistenden aber auch nicht von der Steuer abziehbar. Dies hat das Bundesgericht im März 2000 entschieden.

Eine Ausnahme macht der Kanton VS. Er behandelt auch Kapitalzahlungen wie periodische Leistungen. Die einmalige Zahlung muss beim Empfänger besteuert werden und kann vom Zahlenden in Abzug gebracht werden.

Abfindungs- oder Genugtuungssummen sind beim Bund und bei den Kantonen nicht steuerpflichtig und damit auf der andern Seite auch nicht abzugsfähig.

Im Prinzip teilt das Gericht bei einer Scheidung das vorhandene Vermögen unter die beiden Partner auf. Im Falle einer Konvention sind die Partner aber frei, auch andere Lösungen zu wählen.

Kapitalertrags- und Vermögenssteuer
Der Fiskus verdient mit

Ob Sparkonto, Wertschriften oder Lebensversicherung: Zum Sparen gibt es unterschiedliche Instrumente. Nicht mit allen fährt man steuertechnisch gleich gut.

Vermögenserträge, also Zinsen auf Bankkonti und Obligationen oder auch Dividenden aus Aktien, Anlagefonds etc., sind steuerpflichtig wie jedes andere Einkommen auch. Darum müssen Sie die Gesamtsumme, wie sie sich aus der Aufstellung im Wertschriftenverzeichnis ergibt, ins Hauptsteuerformular unter der Rubrik «Einkommen» übertragen (Muster Seite 100 ff.). Dies inklusive Verrechnungssteuer, die Sie aber zurückfordern können (Seite 65 f.).

Private Kapitalgewinne, also die Differenz zwischen Kauf- und Verkaufspreis von Wertpapieren, sind dagegen überall steuerfrei. Steuerpflichtig sind Kapitalgewinne nur für Unternehmen und für Personen, die den Wertschriftenhandel professionell betreiben (siehe Kasten Seite 64).

Unter steuerlichen Aspekten muss die Devise also heissen, möglichst tiefe Zinserträge und möglichst hohe Kursgewinne zu erwirtschaften. Doch aufgepasst: Je höher das Gewinnpotenzial, desto grösser ist auch das Verlustrisiko.

In Aktien, Wandelobligationen oder gar Optionen sollte nur investieren, wer sich auch einen Verlust (im Extremfall sogar den Totalverlust) leisten kann. Sinnvoll sind solche Anlagen normalerweise erst ab einem frei verfügbaren Vermögen von ein paar zehntausend Franken. Und auch dann sollte der Anteil, der an der Börse investiert wird, nicht mehr als einen Drittel des Vermögens betragen.

BUCHTIPP

Ratgeber für Anleger

Geldanlagen bergen Risiken und sind nicht nur unter steuerlichen Gesichtspunkten anzuschauen. Wer mit Kapitalanlagen Steuern sparen will, tut deshalb gut daran, sich mit den verschiedenen Anlageformen gründlich auseinander zu setzen. Ein ideales Hilfsmittel dazu ist der K-Tipp-Ratgeber «Geldanlage», der im Frühsommer 2008 erscheinen wird. Dort erfahren Sie alles über Aktien, Obligationen, Fonds, Optionen und Terminkontrakte. Auch Fachausdrücke wie Zero-Bonds oder Derivate sind dort anschaulich und leicht verständlich erläutert.

Sparen mit Obligationen: Das ist zu beachten

Steuerlich sind schweizerische Obligationen (und insbesondere die Kassenobligationen der Banken) wenig interessant: Die Zinserträge sind voll zu versteuern, Kursgewinne zumindest bei den Kassenobligationen aber ausgeschlossen. Trotzdem lassen sich auch mit Obligationen Steuern sparen:

■ Sie sollten nur Obligationen erwerben, bei denen möglichst wenig Marchzins (Zins pro rata) aufgelaufen ist. Diesen müssen Sie nämlich dem Verkäufer bezahlen, können ihn aber ausser in ZH nicht von den Steuern absetzen.

- Obligationen sollten Sie auf der andern Seite möglichst noch vor dem Zinstermin verkaufen: So erhalten Sie Ihrerseits den steuerfreien Marchzins und der steuerbare Bruttozins fällt erst beim Käufer an. Den regelmässigen Kauf und Verkauf derselben Obligationen über den Zinstermin hinaus taxieren die Behörden allerdings als Steuerumgehung.

- Obligationen mit tiefem Zins liegen oft unter dem Ausgabepreis. Zurückbezahlt werden sie aber zu 100 Prozent. Der Kursgewinn ist steuerfrei.

- Bei Franken- und Fremdwährungsobligationen von ausländischen Schuldnern entfällt die Verrechnungssteuer. Somit spart man den Zinsverlust für die Zeit zwischen Abzug und Rückerstattung der Verrechnungssteuer (siehe auch Seite 65).

- Wandelobligationen: Sie tragen einen tiefen Zinscoupon, berechtigen dafür aber zur Wandlung in eine Aktie des betreffenden Unternehmens. Wenn der Aktienkurs steigt, explodieren die Kurse der Option (des Wandlungsrechts); den Optionsschein kann man Gewinn bringend und steuerfrei an der Börse verkaufen.

Nur mit Vorsicht zu geniessen sind Obligationen mit überwiegender oder vollständiger Einmalverzinsung (Zero-Bonds, Nullprozenter etc.). Ihr Ausgabepreis beträgt bloss einen Bruchteil ihres Nominalwertes, dafür sind sie mit sehr wenig oder gar keinem Zins aus-

gestattet. Nach Ende ihrer Laufzeit erhält man aber die vollen 100 Prozent zurückbezahlt.

Die Steuerbehörden akzeptieren dies aber nicht als steuerfreien Kapitalgewinn, sondern rechnen die Differenz zwischen Kaufpreis und Auszahlung als steuerpflichtigen Zinsertrag auf. Das Gleiche

Volljährige müssen Kapitalerträge selber versteuern

Kapitalerträge auf Bankkonti oder Wertschriften von Kindern müssen bis zur Mündigkeit die Eltern versteuern. Mit Erreichen der Volljährigkeit (18 Jahre) müssen die jungen Leute sie aber selbst versteuern, unabhängig davon, ob sie sonst ein Erwerbseinkommen haben oder nicht.

Selbst wenn die Eltern diese Steuerzahlungen übernehmen, zum Beispiel weil ihr Sprössling noch in der Ausbildung ist, bedeutet dies normalerweise eine Reduktion der Steuerbelastung, weil diese Vermögenserträge bei den Jugendlichen in aller Regel nur einer geringen Progression unterliegen.

passiert auch, wenn man Null-prozenter vorzeitig über die Börse wieder veräussert: Der vermeintliche Kursgewinn gilt steuerlich als Zinsertrag.

Aktien: Mehr Rendite, aber auch mehr Risiko

Über eine längere Zeitdauer betrachtet lässt sich mit **Aktien** eine bessere Rendite erwirtschaften als mit Obligationen oder mit einem Sparkonto. Dies vor allem auch deshalb, weil die Kapitalgewinne steuerfrei sind, die steu-

---

Vermögensverwaltung:
Kosten von den Steuern abziehen

Auch die Vermögensverwaltung verursacht Kosten, die Sie wenigstens teilweise abziehen dürfen.

Abzugsfähig ist in der Regel eine Pauschale von 0,5 bis 3 Promille des Steuerwerts (z. B. ZH 3 Promille bis 2 Millionen Franken) oder der effektive Aufwand für:

■ Depot- und Safegebühren
■ Depot- und Steuerverzeichnisse
■ Kosten für die Einforderung der Vermögenswerte und Inkassospesen
■ Spesen für die Rückforderung von Quellensteuern
■ Kontoeröffnungs- und Saldierungsspesen
■ Spesen für die Kontoführung und die Einlösung von Dividenden- und Zinscoupons
■ Gebühren für Steuerausweise und -auszüge
■ Entschädigung für die Willensvollstreckung

Nicht abzugsberechtigt:

■ Honorare für Finanz-, Anlage- und Steuerberater
■ Börsen- und Bankgebühren für den Aktienkauf und -verkauf (Courtage)
■ Emissionsabgaben auf Aktien und Obligationen
■ Auch Gebühren auf die Vermögensverwaltung durch Banken sind gemäss Bundesgericht nicht mehr abzugsfähig.

---

erpflichtige Dividende aber relativ bescheiden ist.

Dividenden von Unternehmen, an denen man mehr als 5 bis 10 Prozent hält, sollen künftig nur noch zu 60 bis 80 Prozent besteuert werden. Die meisten Deutschschweizer Kantone besteuern Dividenden von solchen Unternehmen und von Unternehmen im eigenen Kanton schon heute tiefer (siehe Kasten Seite 45).

Bei den **Anlageausschüttungsfonds** ist zu unterscheiden, ob sie auf *Kursgewinne* (steuerfrei) oder *Erträge* (steuerpflichtig) ausgerichtet sind. Genau gleich funktioniert dies bei den Thesaurierungs-Anlagefonds, bei denen der Fonds die Erträge nicht ausschüttet, sondern sofort wieder investiert. Auch hier müssen Sie die Erträge aussondern und versteuern.

Inzwischen gilt diese Regelung beim Bund und in allen Kantonen auch bei den Anlagefonds nach luxemburgischem Recht (Sicav), die bislang steuerfrei waren.

Rückzahlungen aus Nennwertreduktionen sind steuerfrei. Zinsen und Dividenden auf **ausländische Wertpapiere** werden normalerweise durch den betreffenden Staat mit einer Quellensteuer belegt (analog zur schweizerischen Verrechnungssteuer). Wo ein Doppelbesteuerungs-Abkommen besteht – und das ist normalerweise der Fall –, können Sie die Quellensteuer zurückfordern (siehe Kasten Seite 63). Die entsprechenden Formulare erhalten Sie bei den Banken und bei den kantonalen Steuerämtern.

Manche Staaten behalten einen Teil des kassierten Geldes aber selbst. So erstattet Japan bei einer Quellensteuer von 20 Prozent nur 5 Prozent auf Dividenden zurück. Auf Zinsen sind es 15 Prozent, die Entlastung liegt ebenfalls bei 5 Prozent. Entsprechend müssen Sie per Saldo in der Schweiz aber auch nur den effektiv ausbezahlten Ertragsanteil versteuern.

Wer grosse Wertschriftenbestände hat und auch ausländische Wertschriften besitzt, lässt sich mit Vorteil von seiner Bank ein Steuer-Depotverzeichnis erstellen und beauftragt sie – gegen Gebühr – auch mit der Rückforderung der Quellensteuer.

Derivate: Riskante Instrumente für Börsenprofis

Derivate ist der Oberbegriff für Finanzinstrumente wie **Futures** und **Optionen**. Sie hängen in ihrer Kursentwicklung von einem Basisprodukt (z. B. einer Aktie, einer Währung oder einem Index) ab. Call-Options geben das Recht, innerhalb einer festgelegten Frist

Fortsetzung Seite 65

Quellensteuer auf Dividenden und Zinsen:
Entlastung für Schweizer mit ausländischen Wertpapieren

Land	Dividenden		Zinsen	
	Quellensteuer	Entlastung	Quellensteuer	Entlastung
Deutschland	25 %	15 %	25 %	25 %
Niederlande	25 %	10 %	15 %	10 %
Frankreich	25 %	10 %	—	—
Grossbritannien	25 %	15 %	20 %	20 %
Italien	27 %	15 %	27 %	15 %
Spanien	25 %	10 %	25 %	15 %
Schweden	30 %	15 %	—	—
Luxemburg	25 %	5 %	—	—
USA	30 %	15 %	—	—
Kanada	25 %	10 %	25 %	15 %
Japan	25 %	10 %	15 %	5 %
Australien	25 %	10 %	10 %	—

Lesebeispiel: Deutschland erhebt auf Dividenden (Gewinnausschüttungen insbesondere auf Aktien) vorab eine Quellensteuer von 25 Prozent. Das heisst, die Bank muss bereits einen Viertel der Dividende einbehalten und dem Staat abführen, bevor sie dem Aktienbesitzer die Gewinnausschüttung gutschreiben darf. 15 Prozent können Sie aufgrund des Doppelbesteuerungsabkommens, das die Schweiz mit Deutschland geschlossen hat, zurückfordern. 10 Prozent bleiben beim deutschen Fiskus. Auf diesen 10 Prozent muss der Anleger in der Schweiz dafür keine Steuer mehr entrichten.

Quelle: Eidg. Steuerverwaltung; Stand 2006

Börsenprofis müssen Kapitalgewinne versteuern

Für Privatanleger sind Kapitalgewinne aus Börsengeschäften steuerfrei. Wer jedoch gewerbsmässig mit Wertschriften handelt, muss seine Kapitalgewinne als Einkommen versteuern.

Für Unternehmen und professionelle Vermögensverwalter oder Wertschriftenhändler gehört der Kauf und Verkauf von Wertschriften zum Geschäftszweck. Die Wertschriftenhändler bestreiten ihren Lebensunterhalt zumindest teilweise aus den erzielten Börsengewinnen. Für sie ist der Kapitalgewinn ihr normales Einkommen und deshalb auch als solches zu versteuern.

Dafür dürfen sie ihre Verluste quasi als Berufsaufwand mit den erzielten Gewinnen und anderen Einkünften aufrechnen. In einem schlechten Börsenumfeld, wie wir es in den Jahren 2001/02 und 2007 erlebt haben, kann das durchaus seine Vorteile haben.

Allerdings ist zu beachten, dass man nicht einfach wahlweise in schlechten Jahren als selbständiger Wertschriftenhändler auftreten kann und in guten Börsenjahren wieder den Kleinsparer mit Hang zur Börse mimt. Der Weg zurück ist dann weitgehend verbaut.

Wie alle andern auch, dürfen professionelle Wertschriftenhändler selbstverständlich die entstandenen Kosten für Bankspesen etc. abziehen (siehe Kasten Seite 62).

Kriterien, die für Profis sprechen

Die Grenze zwischen privater Vermögensverwaltung und professionellem Handel ist jedoch fliessend. Für die Steuerpflicht ist beim Bund und in den meisten Kantonen ausschlaggebend, ob die Tätigkeit «gewerbsmässig» erfolgt. Kriterien dafür:

- Auftritt am Markt als Wertschriftenhändler
- Häufige und grosse Börsengeschäfte
- Verwendung spezifischer Kenntnisse, z.B. als Bankangestellter oder als Börsenmakler
- Sofortige Wiederanlage erzielter Börsengewinne
- Börsengeschäfte auf Kredit oder fremde Rechnung

Manchmal genügt es, wenn nur ein einziges dieser Kriterien erfüllt ist. Diese Haltung vertreten nebst der Eidgenössischen Steuerverwaltung die Kantone AI, AR, GE, GL, GR, JU, LU, NE, SG, TI, VD und VS.

Nachdem das Bundesgericht am 1. März 2000 die obenstehenden Kriterien als verbindlich erklärt hat, haben aber auch die andern Kantone ihre Praxis massiv verschärft. Die Zeiten, wo nur jene Leute als gewerbsmässige Wertschriftenhändler eingestuft wurden, die über eine Börsenlizenz verfügen, sind jedenfalls vorbei.

Kreisschreiben schafft Klarheit

Im Kreisschreiben Nr. 8 vom 21. Juni 2005 der Hauptabteilung DVS sind nun verbindliche Kriterien festgehalten, die bei der Abgrenzung zum Börsenprofi helfen sollen. Ist nur schon ein Kriterium *nicht* erfüllt, droht die Gefahr, als professioneller Wertschriftenhändler eingestuft zu werden:

- Die Haltedauer der Wertschriften beträgt mindestens ein Jahr.
- Der Umsatz beträgt weniger als das Fünffache des Bestandes zu Jahresbeginn.
- Die Kapitalgewinne betragen weniger als die Hälfte der steuerbaren Einkünfte.
- Es besteht kein enger Zusammenhang zu der sonstigen beruflichen Tätigkeit.
- Die Anlagen sind nicht fremdfinanziert oder die steuerbaren Vermögenserträge (Zinsen, Dividenden) sind grösser als die entsprechenden Schuldzinsen.
- Derivate (Optionen) beschränken sich auf die Absicherung von Wertschriftenpositionen.

Wer als gewerbsmässiger Händler tätig ist, muss übrigens auf seine Kapitalgewinne auch AHV- und die übrigen Sozialversicherungsbeiträge entrichten. Dabei kommt der Satz für Selbständige zur Anwendung, auch wenn der Wertschriftenhandel nur im Nebenjob erfolgt.

Fortsetzung von Seite 63

eine Aktie zu einem bestimmten Preis zu kaufen. Put-Options beinhalten ein analoges Verkaufsrecht. Wegen ihrer extremen Hebelwirkung sind die Kursausschläge der Derivate viel höher als beim Basisprodukt. Damit winken zwar grosse Gewinne. Es droht aber auch der Totalverlust.

Die Gewinne auf die «klassischen» Formen von Derivaten sind steuerfrei. Wird damit aber eine Anlage oder ein garantierter Zins kombiniert (strukturierte Produkte; Groi, Goal, Casual, Eros, Pip, Bloc, Toro etc.), so ist der Kapitalertrag steuerpflichtig.

Steuerfrei sind dagegen Nennwertrückzahlungen. Man sollte sie aber als nicht steuerbare Einkünfte ausweisen. Wer das nicht tut, kann jedoch nicht wegen Steuerhinterziehung belangt werden.

Verrechnungssteuer: Kaum zu umgehen

Schon ab 50 Franken Zinsertrag auf einem Sparkonto fordert der Steuervogt die Verrechnungssteuer ein. Auf Lohn- und Postkonti sowie Dividenden unterliegen schon die kleinsten Erträge der Verrechnungssteuer. 35 Prozent lässt sich der Fiskus vorab überweisen, um allfälliger Steuerhinterziehung vorzubeugen. Für die Bundeskasse ist das auch ein günstiges Darlehen, denn für die Zeitspanne zwischen Abzug und Rückerstattung der Verrechnungssteuer vergütet der Bund keine Zinsen.

Wurde mir die Rückerstattung zu Recht verweigert?

Wegen einer längeren Auslandreise habe ich mich im September bei der Wohngemeinde für ein halbes Jahr abgemeldet. Nach meiner Rückkehr im April wurde mir die Rückzahlung der Verrechnungssteuer verweigert. Ist dies zulässig?

Ja. Anspruch auf Rückerstattung der Verrechnungssteuer besteht nur, wenn man am Stichtag 31. Dezember einen steuerrechtlichen Wohnsitz in der Schweiz hat. Für Auslandaufenthalte von weniger als einem Jahr lohnt es sich darum nur in den wenigsten Fällen, sich von seiner Wohngemeinde abzumelden.

Auch die Auszahlungen von Lebens- und Rentenversicherungen können mit einer Verrechnungssteuer belastet sein (Kapitalauszahlungen mit 8 Prozent und Rentenauszahlungen mit 15 Prozent). Allerdings nur dann, wenn man seiner Versicherungsgesellschaft eine Meldung an die Steuerbehörden ausdrücklich untersagt.

Immerhin: Die Verrechnungssteuer können Sie mit der Steuererklärung zurückfordern. Und das ist meist mehr, als man auf den erzielten Vermögensertrag tatsächlich versteuern muss.

Wichtig: Sie müssen die Verrechnungssteuer innerhalb von drei Jahren nach Ablauf des Jahres, in dem sie abgezogen wurde, zurückfordern. Danach verjährt Ihr Anspruch.

Doch aufgepasst: Auch wer sich ausrechnet, dass sein Grenzsteuersatz höher liegt und er besser fahren würde, wenn er auf die Rückforderung der Verrechnungs-

Anlageformen ohne Verrechnungssteuer

Einige Anlageformen sind von der Verrechnungssteuer befreit. Problemlos ist das bei den Vorsorgekonti der 3. Säule (Details siehe Seite 53 ff.). Daneben gibt es aber eine ganze Reihe von Sonderregelungen. Von der Verrechnungssteuer ausgenommen sind insbesondere:

- Dividenden auf ausländischen Aktien und Anlagefonds
- Festgeld- oder Treuhandanlagen im Ausland
- Franken- und ebenso Fremdwährungsobligationen von ausländischen Schuldnern

Es versteht sich von selbst, dass solche Kapitalanlagen häufig als Steuerschlupfloch missbraucht werden. Solche Anlagen muss man aber (genau gleich wie alle andern auch) in der Schweiz bei der Steuer deklarieren. Alles andere ist Steuerhinterziehung mit den entsprechenden Folgen (siehe Seite 124 ff.).

steuer verzichtet, muss die entsprechenden Konten oder Wertschriften in der Steuererklärung deklarieren. Sonst läuft er Gefahr, Nach- und Strafsteuern entrichten zu müssen (siehe Seite 125 ff.).

Eine Ausnahme gibt es aber: Wer keine Steuererklärung einreicht und darum aufgrund früherer Steuererklärungen eingeschätzt wird, darf die Verrechnungssteuer trotzdem zurückfordern. Dieses Vorgehen entspricht der ständigen Bundesgerichtspraxis.

Sparen mit der Lebensversicherung

Der Staat ist geradezu rührend darauf bedacht, dass seine Bürger auch im Alter ihren gewohnten Lebensstandard halten können. Darum sind nicht nur die Pensionskasse (siehe Seite 48 ff.) und die Säule 3a (Seite 53 ff.), sondern auch die privaten Lebensversicherungen steuerlich privilegiert.

Die «normalen», gemischten Lebensversicherungen mit periodischer Prämienzahlung, Todesfallschutz und Sparanteil sind während ihrer Aufbauphase zum Rückkaufswert steuerpflichtig (Details dazu im K-Tipp-Ratgeber «So sind Sie richtig versichert»).

In den ersten drei Jahren liegt der Rückkaufswert jedoch noch bei null, weil die Versicherungen zunächst ihre eigenen Kosten decken wollen. Erst dann beginnt auch der Sparanteil dank Einzahlungen und Erträgen langsam zu wachsen. Die Versicherungsgesellschaften teilen den Rückkaufswert jedes Jahr mit. In LU ist der Rückkaufswert nur zu zwei Dritteln, in SZ sogar nur zur Hälfte steuerpflichtig.

Einmalprämie:
Der Wertzuwachs ist steuerfrei
Investiert man einen Teil seines Vermögens in eine Lebensversicherung mit Einmalprämie (Sie zahlen die ganze Versicherungssumme also nicht in Jahrestranchen, sondern auf einmal ein), so ist der Wertzuwachs (Zinserträge und Überschussanteile) bei der

Auszahlung steuerfrei. Voraussetzung ist beim Bund und bei den Kantonen allerdings, dass Sie die Versicherung auf eine Dauer von mindestens fünf Jahren abgeschlossen haben und die Rückzahlung nicht vor dem 60. Altersjahr erfolgt. Zudem muss der Versicherungsnehmer auch der Begünstigte sein (Ausnahme: Ehepartner) und die Versicherung muss vor dem 66. Altersjahr abgeschlossen werden.

Für Einmaleinlagen-Versicherungen, die vor 1999, 1998 beziehungsweise 1994 abgeschlossen worden sind, gelten beim Bund und in den meisten Kantonen noch weniger strenge Regelungen oder gar Steuerfreiheit:

- **Vor 1999:** AR, FR, GE, LU, NW, VD, ZG und ZH steuerfrei; BE, GL, NE, TG, UR, VS steuerfrei, falls das Vertragsverhältnis schon fünf Jahre gedauert hat und der Versicherte bei Fälligkeit mindestens 60 ist.

GR, SG und TI verlangen für die Steuerfreiheit zusätzlich, dass der Vertrag vor dem 60. Altersjahr abgeschlossen wurde.

- **Vor 1998:** AG steuerfrei.
- **Vor 1994:** Bund und SO steuerfrei, falls die Vertragsdauer mindestens fünf Jahre betrug oder das 60. Altersjahr bei Auszahlung erreicht ist. AI falls das Vertragsverhältnis mindestens zehn Jahre gedauert hat. OW falls das Vertragsverhältnis mindestens zehn Jahre gedauert hat und der Versicherte bei Fälligkeit mindestens 60 Jahre alt ist.

Einige Kantone gewähren keine Steuervorteile

In den übrigen Kantonen ist die Steuerfreiheit umstritten. Vorsicht ist also beim Umzug in einen andern Kanton am Platz. Die erwartete Steuerfreiheit könnte sich plötzlich als Illusion erweisen.

Lebensversicherung verschenken:
Der Trick mit dem Prämiendepot

Erträge auf Lebensversicherungen mit Einmalprämie sind meist nur dann steuerfrei, wenn sie eine Laufzeit von mindestens fünf Jahren haben, nicht vor dem 60. Lebensjahr zur Auszahlung gelangen, jedoch vor dem 66. Altersjahr abgeschlossen wurden und Versicherter und Begünstigter identisch sind (siehe Ausführungen oben).

Diese Vorschriften lassen sich aber mit einem Trick leicht umgehen, sodass Sie eine solche Lebensversicherung dennoch verschenken können – zum Beispiel an die Kinder oder

an die Lebenspartnerin: dank einer Prämienversicherung statt der Einmaleinlage.

Parkieren Sie den Betrag auf einem gesperrten Prämiendepot. Die Versicherung verzinst Ihr Kapital und es ist erst noch von der Verrechnungssteuer befreit. Aus diesem Depot zahlt man jährlich die Versicherungsprämien.

Sollte der Versicherte während der Laufzeit sterben, so zahlt die Versicherung neben dem Todesfallkapital auch das im Depot verbliebene Geld aus.

TG verlangt neuerdings, dass die Todesfallsumme künftig mindestens das Doppelte des Kapitalanteils ausmacht. Und auch AG, GR und LU wollen die Steuervorteile nicht mehr gewähren, wenn der Kapitalanteil in der Police überwiegt. Weitere Kantone dürften folgen, sodass die Einmaleinlagen-Versicherung als Instrument zum Steuersparen künftig an Attraktivität verlieren könnte.

Zudem verlangt der Staat auf einmalfinanzierte Lebensversicherungen eine Emissionsabgabe (Stempelsteuer) von 2,5 Prozent, was die Rendite leicht schmälert.

Statt in eine Einmaleinlage kann man das Geld auch auf ein Prämiendepot einbezahlen. Daraus bezahlt man dann künftig seine jährlichen Prämien (siehe auch Kasten Seite 67). In diesem Fall sind die Zinserträge auf dem Depot allerdings steuerpflichtig.

Vorsicht bei fremdfinanzierter Lebensversicherung

Steuerlich noch interessanter ist es, wenn man die Lebensversicherung mit Einmalprämie nicht aus dem eigenen Vermögen finanziert, sondern mit geborgtem Geld. So spart man nicht nur am steuer-

---

TIPP

Leibrente: Günstige Alternative für Vorsichtige

Auszahlungen von Leibrenten muss man nur noch zu 40 Prozent versteuern, wenn man sie vollständig selbst finanziert hat.

Mit der Leibrente ist eine bestimmte Rente bis zum Tod garantiert. Sie kann dort sinnvoll sein, wo jemand plötzlich über ein grösseres Kapital verfügt (z. B. bei der Pensionierung oder durch Erbschaft), sich aber mit der Vermögensverwaltung nicht selbst herumschlagen will.

In der Regel drängt sich ein Aufschub der Rentenzahlungen um ein paar Jahre auf. So wächst das Kapital, was zu einer höheren Rente führt. Zudem sinkt nach der Pensionierung mit zunehmendem Alter normalerweise das Einkommen, sodass die Steuerprogression weniger spielt.

Bei Leibrenten mit Rückgewähr geht das verbleibende Kapital im Todesfall an die Erben. Beim Bund fällt es unter die Sonderbesteuerung

zu einem Fünftel des Normaltarifs; die Kantone erheben aber die Erbschaftssteuer darauf.

Wer seine Leibrente vorzeitig zurückkaufen will, muss aufpassen: Neuerdings sind darauf Einkommenssteuern fällig. Bund und Kantone besteuern 40 Prozent der Rückkaufssumme wie einen Kapitalbezug aus der Säule 3a. Das Gleiche geschieht im Todesfall bei Renten mit Rückgewähr mit dem nicht verbrauchten Teil.

Tipp: Leibrente auf zwei Leben kaufen, so erspart man im Todesfall wenigstens dem Ehepartner Steuern (nicht aber den Nachkommen, falls beide vorzeitig versterben).

Übrigens: Die Aufsplittung in abgestufte Zeitrenten und eine darauf folgende Leibrente, wie sie einige Versicherungen propagierten, nützt steuerlich gesehen überhaupt nichts. Sie werden aufgerechnet und dann wie gewöhnliche Leibrenten besteuert.

freien Vermögenszuwachs, sondern man kann auch noch die Schuldzinsen vom Einkommen und die Schulden vom Vermögen in Abzug bringen (siehe Seite 78 f.).

Zu diesem Zweck kann man zum Beispiel seine Hypothek erhöhen oder seine Wertschriften verpfänden. Vereinzelt bieten die Versicherungen die Fremdfinanzierung auch direkt an.

Allerdings ist bei dieser Finanzierungsform Vorsicht geboten: Das Ganze riecht nämlich nach Steuerumgehung (Seite 124 ff.). Es sollten schon ein paar plausible Gründe vorhanden sein, weshalb man ausgerechnet diese Variante wählt, denn die Steuerbehörden haben ihre Praxis bei fremdfinanzierten Lebensversicherungen massiv verschärft.

Steuerbehörden stellen einige Bedingungen

In der Praxis haben sich folgende Kriterien herausgeschält, nach denen die Steuerbehörden entscheiden, ob sie eine solche Versicherung akzeptieren – oder eben auch nicht:

■ Die Versicherung dient tatsächlich vor allem der Altersvorsorge und ist auch nicht wesentlich schlechter verzinst als eine Lebensversicherung mit periodischen Prämien.

■ Das Vermögen steht in vernünftiger Relation zur Summe der Lebensversicherung. Konkret: Sie müssten den geborgten Anteil an der Einmalprämie jederzeit auch aus Ihrem eigenen Vermögen bezahlen können.

Fondsgebundene Kapitalversicherung

Ein rechtlicher Sonderfall der Lebensversicherung mit Einmal- bzw. Jahresprämie ist die fondsgebundene Kapitalversicherung. Ihre Mindestlaufdauer muss aber zehn Jahre betragen. Ansonsten funktioniert sie genau gleich wie die normale Lebensversicherung.

Die Versicherungsgesellschaft investiert das Kapital ausschliesslich in Aktien- und Obligationenfonds. Damit steigt normalerweise die Rendite. Aber auch das Risiko wird damit grösser.

■ Eine andere Finanzierungsform ist unzumutbar. So kann die Steuerbehörde beispielsweise nicht verlangen, dass man sein Haus oder etwa eine Firmenbeteiligung verkauft, nur um dann die Lebensversicherung aus eigenem Kapital finanzieren zu können.

Dieser kleine Steuertrick hat jedoch einen gewaltigen Nachteil: Das Darlehen für die Lebensversicherung muss man verzinsen. Damit sich die Fremdfinanzierung für den Versicherten unter dem Strich auch wirklich lohnt, muss darum der Grenzsteuersatz bei mindestens 30 Prozent liegen (siehe Seite 19 ff.).

Zudem variieren die Zinskosten bei den verschiedenen Lebensversicherungen stark. Es lohnt sich auf jeden Fall, bei mehreren Gesellschaften Offerten einzuho-

Fortsetzung Seite 72

Lebensversicherungen und Steuern: So hat der Fiskus bei der freien

Sparversicherung mit Jahresprämie	Säule 3a (gebunden)
Einzahlung der Prämien	Abzugsfähig bis zum Maximalbetrag [1]
Kapitalerträge [3]	Steuerfrei
Vermögen	Steuerfrei
Kapitalauszahlung	Steuerbar zu reduziertem Einkommenssteuertarif, getrennt v. übr. Ei
Rentenauszahlung	Zu 100 % als Einkommen steuerbar, zusammen mit übr. Einkommen

Fondsgebundene Sparversicherung (Fondspolice) mit Jahresprämien	
Einzahlung der Prämien	Abzugsfähig bis zum Maximalbetrag [1]
Kapitalerträge [3]	Steuerfrei
Vermögen	Steuerfrei
Kapitalauszahlung	Steuerbar zu reduziertem Einkommenssteuertarif, getrennt v. übr. Ei
Rentenauszahlung	Zu 100 % als Einkommen steuerbar, zusammen mit übr. Einkommen

Reine Todesfallrisiko-Versicherung mit Jahresprämien [2]	
Einzahlung	Abzugsfähig bis zum Maximalbetrag [1]
Kapitalerträge [3]	—
Vermögen	—
Kapitalauszahlung	Steuerbar zu reduziertem Einkommenssteuertarif, getrennt v. übr. E

Reine Erwerbsunfähigkeits-Versicherung (Invalidenrente) mit Jahresprämien [2]	
Einzahlung	Abzugsfähig bis zum Maximalbetrag [1]
Kapitalerträge [3]	—
Vermögen	—
Rentenauszahlung	Zu 100 % als Einkommen steuerbar, zusammen mit übr. Einkommen

Einmaleinlage	
Einzahlung	—
Kapitalerträge [3]	—
Vermögen	—
Kapitalauszahlung	—
Rentenauszahlung	—

Fondsgebundene Einmaleinlage	
Einzahlung	—
Kapitalerträge [3]	—
Vermögen	—
Kapitalauszahlung	—
Rentenauszahlung	—

Sofort beginnende Leibrente mit einmaliger Einzahlung	
Einzahlung	—
Kapitalerträge [3]	—
Vermögen	—
Rentenauszahlung	—

und bei der gebundenen Vorsorge die Hand im Spiel

Säule 3b (freie Vorsorge)

Im Rahmen der Abzugspauschalen für Versicherungsprämien
Steuerfrei, sofern die Laufzeit mindestens 5 Jahre beträgt
Steuerbar zum Rückkaufswert
Steuerfrei (inkl. tech. Zinsen + Überschüsse), sofern Laufz. mind. 5 J.
Zu 40 % als Einkommen steuerbar, zus. mit dem übrigen Einkommen

m Rahmen der Abzugspauschalen für Versicherungsprämien
Steuerfrei, sofern die Laufzeit mindestens 10 Jahre beträgt
Steuerbar zum Rückkaufswert
Steuerfrei (inkl. tech. Zinsen + Überschüsse), sofern Laufz. mind. 10 J.
Zu 100 % als Einkommen steuerbar, zus. mit dem übrigen Einkommen

m Rahmen der Abzugspauschalen für Versicherungsprämien

AG, AI, BL, GL, SH, SZ, VD, ZG steuerfrei (BS, GE, GR und SO bedingt).
Bund und übrige Kantone steuerbar zu red. Tarif getrennt vom übr. Eink.

m Rahmen der Abzugspauschalen für Versicherungsprämien

u 100 % als Einkommen steuerbar, zus. mit dem übrigen Eink.

m Rahmen der Abzugspauschalen für Versicherungsprämien
teuerfrei, sofern Laufzeit mind. 5 Jahre [4], Auszahlung ab vollendetem
0. Altersjahr und Abschluss vor Vollendung des 66. Altersjahres
teuerbar zum Rückkaufswert
teuerfrei, sofern Laufzeit mind. 5 Jahre [4], Auszahlung ab vollendetem
0. Altersjahr und Abschluss vor Vollendung des 66. Altersjahres
u 100 % als Einkommen steuerbar, zus. mit dem übrigen Einkommen

n Rahmen der Abzugspauschalen für Versicherungsprämien
teuerfrei, sofern Laufzeit mind. 10 Jahre, Auszahlung ab vollendetem
0. Altersjahr und Abschluss vor Vollendung des 66. Altersjahres
teuerbar zum Rückkaufswert
teuerfrei, sofern Laufzeit mind. 10 Jahre, Auszahlung ab vollendetem
0. Altersjahr und Abschluss vor Vollendung des 66. Altersjahres
u 100 % als Einkommen steuerbar, zus. mit dem übrigen Einkommen

n Rahmen der Abzugspauschalen für Versicherungsprämien
euerfrei
euerfrei, falls ohne Rückgewähr abgeschlossen [5]
40 % als Einkommen steuerbar, zus. mit dem übrigen Einkommen

Wie werden Lebensversicherungen steuerlich behandelt? Die Tabelle beantwortet die folgenden Fragen – und zwar je für Anlagen in der gebundenen 3. Säule (Säule 3a) beziehungsweise in der freien Vorsorge (Säule 3b):

- Kann man die Prämienzahlung (Einzahlung) steuerlich vom Einkommen absetzen?
- Wie sind die Erträge, also technische Zinsen und Überschüsse, zu versteuern?
- Wie ist das Vermögen während der Laufzeit zu versteuern?
- Wie sieht es bei der Auszahlung des Kapitals bzw. der Rente aus?

1 6365 Franken für Angestellte, 31 824 Franken für Selbständige
2 Angaben gelten nur für Versicherungen, bei denen Überschüsse zur Prämienreduktion verwendet werden
3 Setzt sich aus technischen Zinsen und Überschüssen zusammen
4 Fondspolicen Laufzeit mind. 10 Jahre
5 In AI, AR, FR, GE, GL, GR, LU, NW, SO, SG, SH, TG, TI und VD steuerbar, falls mit Rückgewähr abgeschlossen. Im Todesfall unterliegen 60 % der Rückgewähr der Erbschaftssteuer, 40 % der Einkommenssteuer

Quelle: VZ VermögensZentrum

Fortsetzung von Seite 69

len. In jenen Fällen, in denen die Behörden die Steuerfreiheit der Einmaleinlagen-Versicherung nicht akzeptieren, kann man unter Umständen den Vertrag rückgängig machen.

Das Bundesgericht hat bereits 1979 entschieden, dass auch dann ein Grundlagenirrtum anzunehmen ist, wenn sich wichtige steuerliche Erwartungen nicht erfüllen.

So viel Vermögen ist in den Kantonen steuerfrei

Nicht jeder Vermögenswert untersteht der Vermögenssteuer. Ausnahme machen die Guthaben der Pensionskasse und der Säule 3a (vgl. Kapitel «Renten und Kapitalleistungen»). Sämtliche Kantone akzeptieren ein Minimum an Vermögen, das nach Vornahme aller Abzüge steuerfrei bleibt:

Kanton	Vermögen in Franken
TI	200 000
BE	92 000
ZH	68 000 [1]
VD	52 000 [2]
NE	50 000 [3]
JU	25 000
FR	15 000 [4]
BL	10 000
Alle anderen	1 000

[1] 136 000 für Verheiratete und Unterhaltspflichtige
[2] 104 000 für Verheiratete und Unterhaltspflichtige
[3] 93 000 für Verheiratete
[4] 25 000 für Verheiratete

So wird das Vermögen besteuert

Ob Bargeld, Wertschriften, Liegenschaften (siehe Seite 80 ff.) oder Kunstsammlungen: Jede Form von Eigentum muss man grundsätzlich als Vermögen versteuern. Dies allerdings nur bei der Staats- und Gemeindesteuer. Der Bund verzichtet auf diese Einnahmequelle.

Wie die Einkommenssteuer variiert auch die Vermögenssteuer von Kanton zu Kanton und von Gemeinde zu Gemeinde sehr stark. Dabei gibt es generelle Hochsteuerkantone (zum Beispiel FR, NE) und generell steuergünstige Kantone wie NW, SZ und ZG.

Es gibt aber auch Kantone, die sich bei der Einkommenssteuer einigermassen zurückhalten, dafür umso kräftiger bei der Vermögenssteuer zulangen (SH) und umgekehrt (BE). Für Personen mit grösserem Vermögen sind darum vor allem die Grenzsteuersätze wichtig. Sie unterscheiden sich ebenfalls stark. Am besten kommen Personen mit grossem Vermögen in NW weg (siehe Tabellen rechts und Seite 74).

Wertschriften: Kurslisten sind massgebend für Steuerwert

Den Steuerwert von Geldern auf Bank- und Postkonti zu ermitteln ist einfach: Er entspricht dem Saldobetrag auf den Konten. Etwas komplizierter ist es dagegen bei den Wertschriften.

Der Steuerwert einer Kapitalanlage ist nur selten gleichzusetzen mit dem Börsenkurs, dem Kaufpreis oder dem Nominalwert. Die steuermässig gültigen Kurse auf Aktien, Obligationen und Anlagefonds sind aus der Kursliste ersichtlich, die bei den Banken oder bei der Eidgenössischen Steuerverwaltung erhältlich ist. Aufgeführt sind dort auch die Kurse für Devisen, Kassenobligationen, Edelmetalle, Rückkaufswerte für Lebensversicherungen etc.

Zur steuerlichen Bewertung von Aktien, die nicht an der Börse gehandelt werden (z. B. von Familienunternehmen), gibt es an der gleichen Adresse eine Wegleitung.

Kassenobligationen sind grundsätzlich zum Nominalwert zu versteuern. Liegt ihr Zins aber deutlich unter dem aktuellen Zinsniveau, so darf man eine Korrektur gemäss Kursliste oder Wegleitung vornehmen.

Eine Sonderstellung nehmen die Derivate ein: Mit Ausnahme der Derivate mit Anlagekomponente sind sie aufgrund ihrer kurzen Laufzeit von der Vermögenssteuer ausgenommen.

Bei Gold, Silber, Münzen und Fremdwährungen genügt es, in der Steuererklärung den Kurswert gemäss Depotauszug der Bank einzutragen. Für Festgeldanlagen ist eine Kopie der Zinsabrechnung beizulegen.

Auch das Auto und die Yacht gehören zum Vermögen

Zum Vermögen gehören in den meisten Kantonen auch Autos, Motorräder, Schiffe und Flugzeuge. Der Hausrat ist in allen Kantonen dagegen steuerfrei. Fahr-

Grenzsteuersatz auf Vermögen:
Zürich und Innerschweiz sind gnädig

Kanton/Hauptort	Steuerbares Vermögen in Franken	
	500 000	1 000 000
NW Stans	1,9	1,9
ZG Zug	2,3	3,9
ZH Zürich	2,3	4,3
OW Sarnen	2,6	2,6
AI Appenzell	2,9	2,9
SZ Schwyz	3,3	3,3
TG Frauenfeld	3,3	5,4
GL Glarus	3,9	3,9
GR Chur	4,6	5,0
AG Aarau	4,6	5,8
JU Delsberg	4,7	5,7
UR Altdorf	4,9	7,2
TI Bellinzona	5,0	6,2
AR Herisau	5,1	4,9
BE Bern	5,3	7,1
VS Sitten	5,5	7,6
LU Luzern	5,6	5,6
SG St. Gallen	6,0	6,0
SO Solothurn	6,3	6,3
GE Genf	6,5	9,0
BS Basel	6,7	8,3
SH Schaffhausen	7,0	6,8
VD Lausanne	7,4	7,9
FR Freiburg	8,2	7,4
BL Liestal	8,3	8,6
NE Neuenburg	8,3	9,4

Alle Werte in Promille des Vermögens
(Lediger, reformiert; 2006)

Lesebeispiel: Ab einem Vermögen von 500 000 Franken verlangt Neuenburg für jeden zusätzlichen Franken 8,3 Promille Vermögenssteuer. In Zürich sind es dagegen nur 2,3 Promille.

Quelle: Eidg. Steuerverwaltung

73

zeuge und Schiffe sind zum Zeit- bzw. Restwert aufgrund der Abschreibungssätze (je nach Kanton 30 bis 60 Prozent jährlich) zu versteuern. Bilder, Schmuck, Skulpturen, Weinkeller und andere Wertgegenstände sind in der Regel steuerfrei, soweit es sich nicht um eigentliche Sammlungen handelt.

Vermögenssteuern:
Zürich und Innerschweiz sind besonders günstig

Kanton/ Hauptort	Bruttovermögen in Franken		
	200 000	500 000	1 000 000
AG Aarau	73	1294	3786
AI Appenzell	291	1164	2619
AR Herisau	437	1859	4374
BE Bern	579	1924	4874
BL Liestal	138	1841	6529
BS Basel	450	1800	5150
FR Freiburg	**1025**	**2870**	6970
GE Genf	326	1887	5381
GL Glarus	387	1548	3483
GR Chur	345	1481	4001
JU Delsberg	432	1602	4118
LU Luzern	481	1998	4921
NE Neuenburg	628	2648	**7385**
NW Stans	247	817	**1768**
OW Sarnen	391	1173	2477
SG St. Gallen	300	2100	5100
SH Schaffhausen	232	1624	5568
SO Solothurn	316	2056	5218
SZ Schwyz	163	1142	2774
TG Frauenfeld	328	1311	3546
TI Bellinzona	**0**	1514	4243
UR Altdorf	270	1476	4386
VD Lausanne	668	2684	6584
VS Sitten	581	2115	5134
ZG Zug	27	**431**	2083
ZH Zürich	96	585	2088

Belastung auf das Reinvermögen in Franken (Ehepaar ohne Kinder; 2006)

Lesebeispiel: Für ein Vermögen von 200 000 Franken muss ein kinderloses Ehepaar in der Stadt Zürich nur 96 Franken an Staats-, Gemeinde- und Kirchensteuern abliefern. In Freiburg sind 1025 Franken fällig.

Quelle: Eidg. Steuerverwaltung

Persönliche Abzüge vom Vermögen:
Im Aargau und in Zug ist der Freibetrag am höchsten

Kanton	Verheiratete	Alleinstehende	pro Kind
AG	180 000	100 000	12 000
AI	100 000	50 000	20 000
AR	100 000	60 000	20 000
BE [1]	17 000	—	17 000
BL	150 000	75 000	—
BS	100 000	50 000 [2]	7 500
FR [3]	60 000	30 000	—
GE	104 000 [4]	52 000 [4,5]	26 000
GL	100 000 [6]	50 000 [2,6]	20 000
GR	56 000 [7]	42 000 [8]	21 000 [9]
JU	51 000	25 500 [10]	25 500
LU	100 000	50 000	10 000
NE	—	—	—
NW	70 000	35 000	15 000
OW	50 000	25 000	10 000
SG	150 000	75 000	20 000
SH	100 000	50 000	30 000
SO	100 000	60 000	20 000
SZ	150 000	75 000	15 000
TG	100 000	50 000	40 000
TI	60 000	—	30 000
UR	120 000	60 000 [11]	10 000
VD	—	—	—
VS	60 000	30 000 [12]	—
ZG	166 000	83 000	—
ZH	—	—	—

Lesebeispiel: Verheiratete dürfen im Kanton SO 100 000 Franken als Freibetrag vom Vermögen abziehen, Alleinstehende 60 000. Hinzu kommt ein Vermögensabzug von 20 000 Franken pro Kind. (Alle Werte in Franken.)

1 Der Abzug erfolgt direkt durch die Steuerverwaltung
2 Mit Kindern 100 000
3 Bis max. 100 000 bzw. 70 000 Vermögen, darüber gestaffelt weniger
4 AHV/IV-Rentner 156 000
5 Mit Kindern 104 000
6 Zusätzlich 20 000 für IV-Rentner
7 AHV/IV-Rentner 84 000
8 AHV/IV-Rentner 63 000
9 IV-Rentner 31 500
10 AHV/IV-Rentner 51 000
11 Alleinerziehende 120 000
12 Alleinerziehende mit Kindern und Verwitwete 40 000   Quelle: Eidg. Steuerverwaltung

Versicherungen und Sparkapital: Freibeträge auf Prämien

Der Bund und alle Kantone gewähren in begrenztem Ausmass Abzüge für Versicherungsprämien und Zinsen auf Sparkapitalien (Maximum in Franken):

Kanton	Verheiratete	Alleinstehende	pro Kind
Bund	3300	1700	700
AG	4000	2000	—
AI	4800	2400	600
AR	3800	1900	600
BE	4400	2200	600
BL	2400	1200	200
BS	1100	550	—
FR [1]	6760	3380	830
GE	3150	2100	800
GL	4000	2000	600
GR	8400	4200	840
JU [2]	4900	2500	720
LU	4400	2200	600
NE	4800	2400	800
NW	3300	1700	700
OW	3300	1700	700 [3]
SG	4800	2400	600
SH	3000	1500	300
SO	3000	1500	650 [3]
SZ	6000	3000	400
TG	6200	3100	800 [3]
TI	9800	4900	—
UR	3100	1500	700
VD	6800	3400	1600
VS	3800	1500	1050
ZG	6200	3100	1100 [3]
ZH	4800	2400	1200 [3]

Lesebeispiel: Der Kanton AG gewährt auf Versicherungsprämien und Sparzinsen (zusammengezählt) für Verheiratete einen Abzug auf das Einkommen von 4000 Franken. Ledige dürfen 2000 Franken abziehen. Für Kinder darf man keinen zusätzlichen Abzug vornehmen. Das alles unter der Voraussetzung, dass die Prämienausgaben und Zinseinnahmen zusammen zumindest diese Maximalbeträge erreichen. Beim Bund dürfen Verheiratete 3100 und Ledige 1500 Franken abziehen. Für jedes Kind und jede unterstützte Person darf man weitere 700 Franken in Abzug bringen.

Nichterwerbstätige (ohne 2. Säule oder Säule 3a) können bei der Bundessteuer und in BE, GL, NW, OW, SO, SZ, UR, ZG sowie ZH 50 % höhere Abzüge vornehmen (GE 100 %, SH rund 33 %, NE 25 %); AI, SG plus 1000 Franken (Verheiratete) bzw. plus 500 (Alleinstehende); TI plus 4000 (Verheiratete) bzw. plus 2000 (Alleinstehende); GR plus 2240 (Verheiratete) bzw. plus 1120 (Alleinstehende); LU plus 1200 (Verheiratete) bzw. plus 600 (Alleinstehende). JU plus 1020 (Verheiratete) bzw. plus 510 (Alleinstehende).

1 Zusätzlich Prämien für Lebensversicherungen max. 1500 (Verheiratete) bzw. 750 (Alleinstehende);
  zusätzlich für Sparzinsen max. 300 (Verheiratete) bzw. 150 (Alleinstehende);
  Jugendliche in Ausbildung 2770
2 Jugendliche in Ausbildung 1200
3 Auch pro unterstützte Person   Quelle: Eidg. Steuerverwaltung

Steuern im Ausland: Von Argentinien bis nach Zypern

Wer auswandern will, sollte sich vorgängig auch nach der Steuersituation in seinem Wunsch-
land erkundigen. In vielen Ländern ist die Steuerbelastung nicht mehr höher als in der Schweiz.
Doch einige typische Auswanderungsländer sind eigentliche Steuerhöllen, wogegen sich andere als Steuerparadiese entpuppen.

Land	Maximale Steuersätze in Prozent			
	Einkommen	Kapitalgewinn	Vermögen	Erbschaft/ Schenkung
Argentinien	35	0	0,75	0
Australien	47	47	0	0
Bahamas	0	0	0	0
Belgien	57 [1]	33 [1]	0	80 [2]
Brasilien	27,5	20	0	8
Cayman Islands	0	0	0	0
Chile	45	45	0	25
Costa Rica	25 [3]	0	0	0
Deutschland	51 [4]	51 [5]	0	50
Finnland	56	29	0,9	48
Frankreich	52,8	26	1,8	60
Griechenland	40	0	0,8 [6]	60
Grossbritannien	40 [3]	40	0	40
Hongkong	17,5	0	0	15/0
Irland	42	20	0	20
Italien	45	27	0	33
Japan	50	52	2,1	70
Jersey (Kanalinsel)	20	0	0	0
Kanada	46,4 [7]	23,2	0	0
Kroatien	45	0	0	5
Malta	35	35	0	0
Mexiko	34	34	0	0
Monaco	0	0	0	16 [8]
Neuseeland	39	0	0	0/25
Niederlande	52	0	0	68
Österreich	50	50	0	60
Portugal	40	20	0	50
Schweden	60	30	1,5	30
Schweiz	**45,5**	**0**	**1,0**	**54,6**
Singapur	22	0	0	10/0
Spanien	45	15	2,5	81,6
Ungarn	42	20	0	30
Vereinigte Staaten	39,6	20 [9]	0	55
Zypern	30	20	0	30

1 Zuzüglich kommunale Steuern von 5 bis 9 %
2 Abhängig von der Region
3 Nur auf Einkommen im Land
4 inkl. 5,5 % Solidaritätszuschlag
5 Private Kapitalgewinne teilweise reduziert

6 Nur auf Immobilien
7 Ontario
8 Nur auf Vermögenswerte in Monaco
9 Auf kurzfristigen Kapitalgewinn 39,6 %

Quelle: Henley & Partners 2006

5
Vermögen
und Kapital-
ertrag

Abzüge auf Schulden und Schuldzinsen

Schulden und Schuldzinsen sind sozusagen das Gegenstück zu Kapitalertrag und Vermögen. Sie sind sowohl bei den Kantons- als auch bei der Bundessteuer abziehbar. Voraussetzung ist allerdings, dass man Name und Adresse des Gläubigers bekannt gibt.

Neuerdings darf man Schuldzinsen als Privatperson aber nur noch bis zur Höhe des Vermögensertrags zuzüglich 50 000 Franken abziehen (siehe Kasten unten).

Eine Ausnahme gibt es jedoch: Wer sich an einem Unternehmen finanziell beteiligen will (mindestens 20 Prozent des Kapitals), darf auch höhere Schuldzinsen vom Einkommen in Abzug bringen.

Unter den steuerlichen Schuldenbegriff fallen nicht nur die klassischen Bank- und Versicherungsdarlehen wie Geschäftskredite oder Hypotheken, sondern auch Kleinkredite, Privatdarlehen von Verwandten oder Freunden, Strafzinsen für die überzogene Bancomat- oder Kreditkarte und sogar fällige Steuerraten, die noch nicht bezahlt sind. Dabei darf man die Schulden vom Vermögen, die Schuldzinsen vom Einkommen in Abzug bringen.

Auch offene Rechnungen, zum Beispiel für Handwerker oder grössere Anschaffungen, sowie der Zinsanteil auf die erforderlichen Ratenzahlungen für Möbel, das Auto usw. fallen unter den Begriff Schulden.

Wer einen Kredit aufnimmt, um sein Auto zu finanzieren, kann die Kreditzinsen beim Einkommen und den Kredit selbst beim Vermögen von der Steuer absetzen.

Leasingraten dürfen Private dagegen gemäss Bundesgericht nicht

---

Nicht die gesamten Schuldzinsen sind abzugsfähig

Wer hoch verschuldet ist – und das trifft häufig auf Eigenheimbesitzer zu –, kann nicht mehr alle Schuldzinsen von seinem Einkommen in Abzug bringen. Dazu ein Beispiel mit folgenden Voraussetzungen:

- Wohneigentum im Wert von 1,5 Mio. Franken
- Eigenmietwert 27 500 Franken (80 % Belehnung zu durchschnittlich 5 % = Fr. 60 000.–)
- Zins auf einen Lombardkredit jährlich 55 000 Franken
- Steuerpflichtiger Vermögensertrag (Zinsen, Dividenden) 20 000 Franken pro Jahr

Berechnung der abzugsfähigen Schuldzinsen (in Franken):

Eigenmietwert	27 500
Steuerbarer Vermögensertrag	20 000
Total Vermögensertrag brutto	**47 500**
Zuzüglich Schuldzins-Freibetrag	50 000
Maximal zulässiger Schuldzinsabzug	97 500
Effektive Schuldzinsen	**115 000**
Nicht abzugsfähig	**17 500**

Schuldenerlass gilt als Schenkung

Einem Freund oder Verwandten die Schulden zu erlassen ist zwar ein generöser Akt, doch der Fiskus zeigt sich da weniger grosszügig. Er taxiert einen solchen Schuldenerlass als Schenkung und verlangt dafür die entsprechenden Steuern (siehe Seite 108 ff.).

Ohne Steuerfolgen bleibt ein solcher Schuldenerlass nur, wenn die Forderung offensichtlich uneinbringlich ist, hat das Zürcher Verwaltungsgericht im November 1999 entschieden. Faktisch muss also ein Verlustschein vorliegen, damit die Schenkungssteuer nicht fällig wird. Aus welchem Motiv der Gläubiger die Schuld erlassen will, ist gemäss Urteil «für die Annahme des Schenkungswillens unerheblich».

abziehen (auch nicht ihren Zinsanteil). Bei Unternehmen zählen sie jedoch zum Geschäftsaufwand.

Im Übrigen darf man auch die Kreditkosten für Kommissionen, Spesen etc. in Abzug bringen. Auf die Hypothekar-, Baukredit- und Baurechtszinsen geht dieser Ratgeber auf Seite 87 detailliert ein.

Abzug vornehmen, wenn der Schuldzins fällig wurde

Schuldzinsen sind steuertechnisch grundsätzlich erst dann von Bedeutung, wenn der Zinstermin fällig wurde. Schuldzinsen, die zwar fällig waren, die Sie aber noch nicht bezahlt haben, können Sie jedoch nicht nur als solche abziehen. Diese Schuldzinsen stellen ihrerseits eine Schuld dar. Darum kann man sie auch vom Vermögen in Abzug bringen.

Die reine Rückzahlung von Schulden (Amortisation) ist selbstverständlich nicht abzugsfähig. Darauf ist besonders bei Abzahlungs- und Kleinkreditgeschäften zu achten. Nur den Zinsanteil an der Rate kann man bei der Steuer geltend machen. Er ist am Anfang sehr viel höher als am Schluss der Laufzeit.

Im Einzelfall nimmt die Bank die entsprechenden Berechnungen vor. Ebenso wenig darf man einen Abzug für Marchzinsen bei der Steuer geltend machen.

Leben auf Pump: Nur keine falschen Hemmungen

Schulden zu machen widerspricht gutschweizerischen Tugenden. Unter steuerlichen Aspekten ist das aber eine falsche Scham. Trotzdem stellen Steuerberater immer wieder fest, dass viele Leute sogar tatsächlich existierende Schulden verschweigen und die Schuldzinsen darauf nicht angeben.

Unsinnig ist es, einen teuren Kleinkredit (bis 18 % Zins) aufzunehmen, um damit Steuerschulden zu begleichen. Die Steuerbehörden lassen in aller Regel mit sich reden und sind zu einer Stundung oder Ratenzahlung bereit. Dies zu Zinsen von lediglich 3 bis 6 % je nach Kanton. Und diese Zinsen können Sie in der nächsten Steuerperiode erst noch wieder vom Einkommen abziehen.

Abzüge für Unterhalt und Hypothek

Das Haus, die Eigentums- oder Ferienwohnung gehören zum Vermögen. Die Einnahmen daraus sind steuerpflichtig. Zulässig sind jedoch Abzüge für den Unterhalt und den Hypothekarzins. Steuern fallen auch beim Besitzerwechsel eines Hauses oder eines Grundstücks an.

Liegenschaften, ob Land, Haus, Eigentums- oder Ferienwohnung, gehören zum Vermögen. Die Einnahmen, die daraus entstehen, sind als Einkommen zu versteuern. So weit der Grundsatz.

Recht einfach ist die Situation bei vermieteten Liegenschaften. Da entsprechen die Mietzinseinnahmen abzüglich des Aufwands für Nebenkosten und Verwaltung der Liegenschaft dem steuerbaren Einkommen. Die effektiven Nebenkosten für Heizung, Warmwasser, Strom, Beleuchtung, Gartenarbeiten, Treppenhausreinigung, TV-Anschluss etc. dürfen Sie allerdings nur in Abzug bringen, wenn sie im Mietzins enthalten sind. Die eigene Arbeit dürfen Sie bei den Abzügen nicht geltend machen.

Eigenmietwert als Gegenstück zur Miete

Etwas komplizierter ist es bei selbst genutztem Wohneigentum. Da setzen Bund und Kantone einen sogenannten Eigenmietwert fest, der vom Eigentümer als fiktives Einkommen zu versteuern ist. Der Gesetzgeber geht dabei davon aus, dass die Liegenschaft ja auch vermietet werden könnte, mithin steuerbare Einkünfte entstehen würden.

Warum diese Überlegung zum Beispiel für Autos, Schiffe oder Flugzeuge nicht auch gelten sollte, ist jedoch nicht einsichtig. Viele Länder, zum Beispiel Deutschland, Österreich, Frankreich oder Grossbritannien, verzichten denn auch auf eine Eigenmietwertbelastung.

Vom Mieter aus gesehen ist die Besteuerung des Eigenmietwerts dagegen verständlicher. Der Eigenmietwert ist sozusagen das

Ausserkantonale Steuerpflicht für Zweitliegenschaft

Wer in einem andern Kanton eine Liegenschaft, beispielsweise eine Ferienwohnung, besitzt, ist auch in jenem Kanton im Rahmen der Mietzinseinnahmen oder des Eigenmietwerts steuerpflichtig. Zwischen den beiden Kantonen erfolgt eine Steuerausscheidung, wobei in beiden Kantonen der Progressionssatz zur Anwendung kommt, der auf der vollen Einkommenssumme lasten würde.

Beispiel: Eine Zweitliegenschaft im Kanton VS mit einem Eigenmietwert von 20 000 Franken wird dort nicht einfach zum tiefen Progressionssatz dieser 20 000 Franken besteuert, sondern zunächst dem ausserkantonal verdienten Gesamteinkommen zugeschlagen. Liegt dieses nun zum Beispiel bei 120 000 Franken, so müssen Sie die 20 000 Franken Eigenmietwert im Kanton VS zum Progressionssatz versteuern, der für Einkommen über 100 000 Franken zur Anwendung kommt. Analog erfolgt die Vermögensausscheidung.

Gegenstück zu dessen Miete, die ein Mieter als Teil der Lebenshaltungskosten auch nicht von der Steuer absetzen darf. Nur VD und ZG kennen noch einen Mietzinsabzug. Zum Ausgleich der Eigenmiete dürfen Hauseigentümer die Unterhaltskosten und die Schuldzinsen abziehen.

Berechnung ist kompliziert und unterschiedlich

Die Berechnung des Eigenmietwerts ist kompliziert und kantonal verschieden. Der Bund stützt sich auf die Marktmiete ab, also auf jenen Preis, der zu erzielen wäre, wenn die Liegenschaft an einen Dritten vermietet würde.

In der Regel schwankt der Eigenmietwert zwischen 50 und 80 Prozent dieses theoretisch erzielbaren Mietpreises. Laut Bundesgerichtsentscheid vom März 1998 sollte der amtliche Wert nicht unter 60 Prozent des Verkehrswerts liegen.

Als die Liegenschaftspreise um das Jahr 2000 aber gesunken sind, der Leerwohnungsbestand gestiegen ist und die Mieten billiger geworden sind, erreichte der Eigenmietwert vielerorts 100 Prozent und mehr der Vergleichsmiete – sehr zum Ärger der Hauseigentümer. Zudem können grössere Renovationsarbeiten oder Umbauten zu einer Erhöhung des Eigenmietwerts führen.

Immerhin: Die Behörden sind in aller Regel zu einer Senkung des Eigenmietwerts bereit, wenn er höher ist als ein Drittel aller Haushaltseinkünfte, die zur Deckung

der Lebenshaltungskosten zur Verfügung stehen.

Gleich verhält es sich mit dem steuerbaren (Vermögens-)Wert der Liegenschaft, dem sogenannten amtlichen Wert, der sich am Verkehrs- und am Ertragswert der Liegenschaft orientiert.

Unternutzung: Abzüge nur unter gewissen Bedingungen

Der Eigenmietwert darf nicht erhoben werden, solange Sie die Liegenschaft noch nicht beziehen

Eigenmietwert: Teure leere Ferienwohnung

Selbst wenn Ihre Ferienwohnung das ganze Jahr über leer steht, müssen Sie den Eigenmietwert versteuern. Allfällige Mietzinseinnahmen sind als Einkommen zu versteuern, dafür dürfen Sie den Eigenmietwert entsprechend kürzen. Bei möbliert vermieteten Ferienwohnungen und Chalets darf man in einigen Kantonen zum Ausgleich der höheren Unterhalts- und Verwaltungskosten vorab einen Pauschalabzug auf die Nettoeinkünfte vornehmen. Im Kanton BE zum Beispiel 20 Prozent, höchstens aber 3000 Franken.

oder vermieten konnten, zum Beispiel wegen Umbauarbeiten. Wer nur noch einen Teil des Hauses nutzt, muss nicht den vollen Eigenmietwert versteuern. Er darf beim Bund und in NW, OW, SH, SZ, TG, UR, ZG sowie ZH einen anteilsmässigen Abzug auf den Eigenmietwert vornehmen. Ein solcher Unternutzungsabzug ist jedoch an strenge Auflagen geknüpft.

Voraussetzung ist in der Regel ein Haus oder eine Wohnung mit mindestens fünf Zimmern. Die frei gewordenen Zimmer darf der Eigentümer allerdings überhaupt nicht mehr nutzen – also auch nicht als Lagerraum oder Arbeitszimmer.

Zudem muss der Eigenmietwert in einigen Kantonen bei mindestens 24 000 Franken pro Jahr liegen. NW gewährt den Abzug nur, wenn der Eigenmietwert 35 Prozent der Mittel übersteigt, die dem Betroffenen für den Lebensunterhalt zur Verfügung stehen.

Es zeichnet sich aber ab, dass diese restriktive Praxis für den Unternutzungsabzug künftig gelockert wird. So hat die Steuerrekurskommission I des Kantons Zürich im November 1999 festgehalten, dass der Abzug auch für «Normal-Einfamilienhäuser» mit vier bis sechs Zimmern möglich sei, wenn die Unternutzung genügend belegt ist.

Frage

Vorzugsmiete für den Sohn: Müssen wir die Differenz zum Eigenmietwert als Einkommen versteuern?

Unser Sohn wohnt mit seiner Familie zu einem günstigen Mietzins in unserem Haus. Der Zins entspricht ungefähr der Hälfte der marktüblichen Miete. Darf uns die Steuerbehörde die Differenz zum Eigenmietwert als Einkommen aufrechnen?

Nein. Nur in den Steuergesetzen von AI, AR, GR, JU, NW, OW, SG und TG gibt es dafür eine genügende Grundlage. Dies hat das Bundesgericht im Januar 2005 erneut anhand eines Zürcher Falls bestätigt. Gleichzeitig hielt es fest, dass Vorzugszinsen bis 50 Prozent des Eigenmietwerts keine Steuerumgehung darstellen, mithin zulässig seien.

Trotzdem nehmen weitere Kantone (z. B. BE und SO) weiterhin eine solche Aufrechnung vor, wenn die Begünstigten Verwandte sind und die Differenz zwischen Mietzins und Eigenmietwert «erheblich» ist. Als erheblich gelten dabei Unterschiede von 20 bis 50 Pro-

zent, je nach Kanton. Dieser Auffassung hat sich das Bundesgericht in einem Entscheid vom Februar 2007 angeschlossen.

Andere Kantone (z. B. FR und LU) vertreten dagegen die Auffassung, dass man in jedem Fall nur die effektiv erzielte Miete versteuern muss. Dies hat im März 1996 das freiburgische Verwaltungsgericht bestätigt.

In allen Kantonen (ausser LU und SZ) unterliegt die Differenz aber der Schenkungssteuer. Rechtlich gesehen handelt es sich nämlich um eine gemischte Schenkung, also um eine Schenkung, mit der auch finanzielle Auflagen verbunden sind (z. B. Mietzins, Hypotheken etc.). Die Schenkungssteuer kann je nach Verwandtschaftsgrad bis zu 30 und mehr Prozent betragen und ist vom Begünstigten zu zahlen. Bei den eigenen Kindern ist sie dagegen gering und fällt in den meisten Kantonen sogar ganz weg (Details dazu siehe Seite 108 ff.).

Abzüge für den Unterhalt und die Verwaltung von Liegenschaften

Unterhalts- und Verwaltungskosten auf Liegenschaften sind vollumfänglich abzugsfähig. Mehr noch: Ähnlich wie die Arbeitnehmer bei den Gewinnungskosten dürfen Hausbesitzer in allen Kantonen zwischen einem Pauschalabzug und dem Abzug der effektiven Unterhaltskosten wählen. Ein wichtiger Entscheid, denn hier kann es um sehr viel Geld gehen (siehe Tabelle rechts).

Bei Geschäfts- und Grossliegenschaften erübrigt sich dieser Entscheid allerdings oft: In AI, AR, GL, GR, NW, OW, SH, TG, UR und VS darf man dafür nur die effektiven Kosten geltend machen.

Pauschalabzug:
Auf das Alter kommt es an

Ob sich der Pauschalabzug oder der Abzug der Effektivkosten eher lohnt, ist rasch ermittelt. In der Regel lohnt sich die Pauschale eher bei neueren Liegenschaften, wogegen bei älteren Häusern die tatsächlichen Reparatur- und Unterhaltskosten oft höher ausfallen.

Der Bund und die meisten Kantone kennen zwei Kategorien von Pauschalabzügen:

■ Für Liegenschaften, die weniger als zehn Jahre alt sind, dürfen Sie jährlich 10 Prozent der Mietzinseinnahmen bzw. des Eigenmietwertes abziehen.

■ Für Liegenschaften, die älter als zehn Jahre sind, dürfen Sie jährlich 20 Prozent abziehen.

Pauschalabzüge für Gebäudeunterhalt

Kanton	Gebäudealter unter 10 Jahre	Gebäudealter über 10 Jahre	Systemwechsel [1]
Bund	10 %	20 %	ja
AG	10 %	20 %	ja
AI	20 %	20 %	ja
AR	10 %	20 %	ja
BE	10 %	20 %	ja
BL	25 %	30 %	ja
BS	10 %	20 %	ja
FR	10 %	20 %	ja
GE	7 %	17,5 %	ja
GL	10 %	20 %	ja
GR [2]	15 %	25 %	nein
JU	10 %	20 %	ja
LU [3]	15 %	25 % [4]	nein
NE	10 % [5]	20 % [5]	ja
NW	10 %	20 %	ja
OW	10 %	20 %	ja
SG	20 %	20 %	ja
SH	15 %	25 %	ja
SO	10 %	20 %	ja
SZ	10 %	20 %	ja
TG	10 %	20 %	ja
TI	15 %	25 %	nein [6]
UR	10 %	20 %	ja
VD	20 %	20 %	ja
VS	10 %	20 %	ja
ZG	10 %	20 %	ja
ZH	20 % [7]	20 %	ja

Lesebeispiel: Für Unterhaltsarbeiten darf man beim Bund pro Jahr 10 Prozent des Eigenmietwerts bzw. des Brutto-Mietertrags abziehen. Ist die Liegenschaft älter als 10 Jahre, darf man 20 Prozent abziehen. Ob Sie die Pauschale oder die effektiven Kosten geltend machen wollen, können Sie für jede Steuerperiode neu entscheiden.

Alle Werte in Prozent des Bruttoertrags oder des Eigenmietwerts

1 Systemwechsel für jede Steuerperiode möglich
2 Nur einmaliger Wechsel mit Einschränkungen zugelassen
3 Nur einmaliger Wechsel von Pauschale zu effektivem Abzug
4 Über 25 Jahre 33 1/3 Prozent
5 Maximalgrenze 7200 bzw. 12 000 Franken; Frist 5 Jahre
6 Systemwechsel frühestens nach 10 Jahren
7 20 Prozent auch beim Bund

Quelle: Steuerinformationen der Interkantonalen Kommission für Steueraufklärung

Steuern auf unvollendeten Bauten

Stichtag für die Steuerveranlagung ist der Jahreswechsel, z.B. 2007/08. Fällt dieses Datum in die Bauzeit, so erfolgt von Amtes wegen eine sogenannte «Schätzung unvollendet», die sich beim Vermögen auswirkt. Dazu ein Beispiel (in Franken; Baukosten bezahlt):

Aus eigenen Mitteln (z.B. Land)		60 000
Zulasten Baukredit (Handwerker, Zins etc.)		140 000
Ausstehende Rechnungen für ausgeführte Arbeiten		10 000
Total aufgelaufene Anlagekosten		**210 000**
Amtlicher Wert vollendet		170 000
Schulden auf Baukredit	140 000	
und bei Handwerkern	10 000	–150 000
Ergibt bei der Vermögensdeklaration netto		**20 000**

Abzüge nur für einfache Reparaturen

Nicht alles, was man gemeinhin zum Unterhalt einer Liegenschaft zählt, gilt auch vor den Steuerbehörden als abzugsfähig. Grundsätzlich dürfen Sie nur abziehen, was dem Wert*erhalt* dient. Wert*vermehrende* Renovationen dürfen Sie dagegen nicht abziehen.

Eine Ausnahme bilden Investitionen mit Energiespareffekt, die in den ersten fünf Jahren nach Erwerb der Liegenschaft zur Hälfte, danach vollständig abzugsfähig sind. Dazu zählen u.a. energetisch bessere Fenster, Solaranlagen, Wärmedämmung etc. Aber: Solche Investitionen können zu höheren amtlichen Werten und somit zu höheren Eigenmietwerten führen.

Abzugsfähig sind:

- Reparaturarbeiten, z.B. an Küchen- oder Sanitäreinrichtungen, elektrische Installationen, Tapezier- und Malerarbeiten etc.
- Belagsarbeiten, Bodenbeläge (auch Parkett statt Teppiche).
- Ersatz und Reparatur von Heizung, Boiler, Kühlschrank, Waschmaschine, Tumbler etc., sofern der neu gewählte Standard nicht wesentlich höher ist als bei der alten Einrichtung. Eine grosszügige Ausnahme macht BS, wo auch moderner Luxus vollumfänglich zum Abzug zugelassen ist.
- Umbau von Küche, Bad usw. In der Regel ist hier ein wertvermehrender Anteil auszuscheiden.
- Sanierung des Dachs und Fassadenrenovation (Eternit statt Anstrich nur zu zwei Dritteln abzugsfähig).
- Gartenunterhalt (nicht aber die erstmalige Neubepflanzung mit Sträuchern, Bäumen oder Blumen; in BS auf 500 Franken beschränkt, in BL, TI und VD überhaupt kein Abzug zulässig).
- Grundgebühren für Abwasserentsorgung, Kehricht, Reinigung, Strassenbeleuchtung etc. (in einigen Kantonen nur bei vermieteten Liegenschaften).
- Prämien für Gebäudeversicherung und die Liegenschaftssteuer.

Keine Steuerabzüge
für Luxus und Anbauten

Wertvermehrende Investitionen und Neuanschaffungen dürfen Sie nicht abziehen. Dies gilt zum Beispiel für die Antennenanlage, Anbauten, Garagen, Cheminée, eine ausgebaute Mansarde oder einen Wintergarten.

Wintergärten liessen die Steuerbehörden bisher auch unter dem Aspekt des Energiesparens nicht zum Abzug zu. Verschiedene Gerichtsurteile kamen zum Schluss, dass der Gewinn an zusätzlichem Raum im Vordergrund stehe. In allen Kantonen zählten Wintergärten darum zu den (wertvermehrenden) Anlagekosten.

Neuerdings lässt die Steuerverwaltung allerdings das Einglasen von Balkonen als steuerbegünstigte Energiesparmassnahme zu. Analog hat auch das Aargauer Verwaltungsgericht entschieden. Darum ist es gut möglich, dass auch für Wintergärten nun der Steuerabzug vorgenommen werden darf.

Wertzuwachs treibt den
Eigenmietwert in die Höhe

Klarer ist die Sachlage, wenn Sie ein undichtes Flachdach durch ein Satteldach ersetzen und allenfalls sogar noch ein zusätzliches Zimmer einbauen. In diesem Fall sehen die Steuerbehörden in erster Linie den Wertzuwachs und verweigern den Steuerabzug.

Im Gegenteil: Zusatzzimmer und Satteldach werden in aller Regel sogar eine Erhöhung des amtlichen Werts und des Eigenmietwerts nach sich ziehen.

Ebenfalls ausgenommen sind: Erschliessungs- und Anschlussgebühren sowie die individuellen Kehricht-, Wasser- und Stromgebühren.

Weitere nicht abzugsfähige Positionen: eigene Arbeit, Fahrzeugkosten und Büromiete, die Kosten für Bauprojekte, die Errichtung von Hypotheken und für Gebäudeschätzungen.

Nicht abzugsfähig sind auch die Gebühren für notarielle Urkunden, Schuldbriefe, Vermessungskosten, Vermittlungsprovisionen und Architektenhonorare für nicht ausgeführte Projekte. Der Abbruch einer Liegenschaft mit sofortigem Neuaufbau stellt vollumfänglich Anlagekosten dar. Es können keine Unterhaltskosten geltend gemacht werden.

Zur Abgrenzung der Unterhalts- von den Anlagekosten haben einige Kantone Merkblätter erlassen,

---

Tipp

Umfangreiche Renovationsarbeiten auf zwei Jahre verteilen

Bei grösseren Renovationsarbeiten lohnt es sich, die Kosten auf zwei Steuerperioden zu verteilen. Dann sind Abzüge in beiden Jahren möglich, was sich günstig auf die Progression auswirkt.

Steuerlich entscheidend ist in der Regel das Datum, an dem die Arbeiten ausgeführt wurden, oder das Datum des Rechnungseingangs. In BS, SO und TG gilt das Datum der Rechnungsstellung. In BE, FR und SG ist das Zahlungsdatum entscheidend, was die Steuerplanung etwas erleichtert. BE akzeptiert allerdings ausdrücklich keine Akontozahlungen.

Informieren Sie sich vorgängig beim Kanton über Details der Regelung und sprechen Sie dann mit den Handwerkern über eine sinnvolle Staffelung der Arbeiten bzw. Rechnungsstellung.

in denen die wichtigsten erlaubten – und auch die unerlaubten – Abzüge aufgeführt sind (z. B. AG, AR, BE, BL, FR, GL, LU, OW, SH, SZ und ZH).

Tipp: Den Aufwand für wertvermehrende Investitionen dürfen Sie zwar von den Einkommenssteuern nicht abziehen. Dafür können Sie die Kosten bei einem allfälligen Verkauf der Liegenschaft geltend machen und damit die Grundstückgewinnsteuer senken (siehe Seite 90 f.). Deshalb sollten Sie sämtliche Belege aufbewahren.

Altliegenschaft: Steuervorteile erst fünf Jahre nach dem Kauf

Besondere Vorsicht sollten Sie derzeit noch beim Erwerb einer älteren, renovationsbedürftigen Liegenschaft walten lassen. In den ersten fünf Jahren nach dem Kauf dürfen Sie nämlich Renovationsarbeiten grundsätzlich nicht von der Steuer absetzen (sogenannte «Dumont-Praxis»).

Zulässig ist in der Regel nur der Abzug von Unterhaltsarbeiten, soweit sie sich im Zeitraum seit dem Erwerb der Liegenschaft ergeben haben. Dies gilt selbst dann, wenn der ehemalige Besitzer die entsprechenden Renovationsarbeiten noch voll abzugsberechtigt hätte durchführen können.

Solcher Nachholbedarf ist steuerlich also nicht abzugsfähig. Das Bundesgericht hat im April 1997 die bisherige Praxis aber insoweit gelockert, als sie nur noch für «vernachlässigte Liegenschaften» zur Anwendung kommt. Doch was sind vernachlässigte Liegenschaften? Als Indizien dafür gelten:

- Die Liegenschaft ist mindestens 30 Jahre alt.
- Im Verhältnis zum Kaufpreis machen die Investitionen einen erheblichen Anteil aus (mindestens 25 Prozent).
- Der frühere Besitzer hat auf Gesamtsanierungen und Renovationen von Einrichtungen mit langer Lebensdauer (über 15 Jahre) verzichtet.
- Nach der Renovation steigen die Mietzinse.

Immerhin dürfen Sie selbst in diesen Fällen einen Unterhaltsabzug von generell 50 Prozent vornehmen (bisher 33 bis maximal 50 Prozent). Zudem fallen kleinere Renovationsarbeiten (z. B. Maler- und Tapeziererarbeiten, Ersatz von Teppichen bei Mieterwechsel) nicht mehr unter die Dumont-Praxis. Ebenfalls gilt sie nicht mehr, wenn Sie die Liegenschaft geerbt haben oder geschenkt erhielten.

Die Dumont-Praxis hat zur Folge, dass Renovationen aus steuerlichen Gründen häufig aufgeschoben werden, was vor allem auch dem Baugewerbe missfällt. Beim Bund und in den Kantonen BE, BL, SG, TI, VD und ZH gilt sie deshalb nur noch, wenn Sie das Haus in einem verwahrlosten Zustand übernommen haben und es durch den Umbau einen dauernden Wertzuwachs erfuhr. Auch in vielen weiteren Kantonen wackelt diese Regelung. SH hat sie ganz abgeschafft. Auf Bundesebene laufen Bestrebungen, die Dumont-Praxis aufzuheben.

Abzüge für Baukredit und Hypothek

Für den Bau oder Kauf eines Eigenheims reicht oft das eigene Kapital nicht. Für die Bauphase müssen daher die meisten Bauwilligen einen Baukredit aufnehmen. Nach Abschluss des Baus oder beim Erwerb eines Hauses oder einer Eigentumswohnung brauchen Sie einen Hypothekarkredit.

Obwohl beide Kredite faktisch dem gleichen Zweck dienen, nämlich dem Erwerb einer Liegenschaft, muss man sie steuerlich auseinander halten: Der Bund und die meisten Kantone behandeln Baukredite als Anlagekosten, also als Baukosten. Diese Schuldzinsen dürfen Sie darum nicht vom Einkommen abziehen. Verloren ist das Geld aber nicht: Bei einem späteren Verkauf der Liegenschaft dürfen Sie die Schuldzinsen aufrechnen, sodass die Grundstückgewinnsteuer geringer ausfällt.

In AG, AR, NW, VS, ZG und ZH sind dagegen auch die Baukreditzinsen (zumindest für Liegenschaften des Privatvermögens) steuerlich absetzbar. In BE, BL, GR und SZ darf man sogar zwischen den beiden Möglichkeiten wählen, wobei der Abzug in Form von Schuldzinsen in aller Regel günstiger ist.

Hypothekarzinsen:
Voll abzugsberechtigt

Keine Unsicherheiten gibt es bezüglich der Hypothekarkredite. Ob feste, variable oder wie auch immer geartete Hypothek: Die Schuldzinsen dürfen Sie immer geltend machen, allerdings nur bis zur Höhe Ihrer Vermögenserträge zuzüglich 50 000 Franken. Das gilt selbst für die Kommission, die bei vorzeitiger Auflösung einer Festhypothek fällig ist, sofern Sie den Hypokredit in neuer Form weiterführen. Die Rückzahlung der Schulden, z. B. die obligatorische Amortisation der 2. Hypothek, dürfen Sie dagegen nicht abziehen.

Hypothek rasch tilgen:
In vielen Fällen sinnvoll

Die Zinslast der Hypothek ist oft drückend, das Bedürfnis, die Hypothek so rasch als möglich abzuzahlen, darum völlig normal und in vielen Fällen auch sinnvoll.

Bei höheren Einkommen sieht das steuerlich allerdings etwas anders aus: Weniger Hypothekarzinsen bedeuten nämlich auch weniger Steuerabzug und damit höhere Einkommenssteuern. Ein sinnvoller Kompromiss liegt bei einer Belastung von etwa 50 Prozent des Verkehrswerts.

Abzüge für Baurechtszinsen

Baurechtszinsen, also Zinsen auf die befristete Nutzung von Land im Baurecht, darf man beim Bund und in der Hälfte der Kantone nicht von der Steuer abziehen. Sie gelten als Anlagekosten. Dagegen darf man sie vom Eigenmietwert in Abzug bringen.

Als Schuldzinsen und damit als abzugsfähig bei der Einkommenssteuer gelten Baurechtszinsen in den Kantonen AG, BE, BL, GR, JU, NE, NW, SH, SZ, TI, UR, VD und ZH. Bei vermieteten Liegenschaften sind die Baurechtszinsen mit Ausnahme von FR, GE und VS überall abziehbar.

Amortisation der Hypothek: Auf indirektem Weg zum Ziel

Zweite Hypotheken müssen Sie amortisieren, in der Regel über 15 bis 20 Jahre. In der Westschweiz müssen Sie normalerweise auch die erste Hypothek zurückbezahlen, dies allerdings über mindestens 50 Jahre. Statt der direkten Rückzahlung in jährlich festgelegten Beträgen ist aber auch die indirekte Amortisation über die 3. Säule möglich. Dabei wird auf die laufende Abzahlung verzichtet, dafür laufen die entsprechenden Beträge auf dem Vorsorgekonto bei der Bank oder der Vorsorgepolice bei der Versicherung auf. Diese Sparbeiträge müssen Sie der Bank oder Versicherung verpfänden. Nach Vertragsende (beispielsweise nach 20 Jahren) dienen sie zur einmaligen und vollständigen Amortisation der zweiten Hypothek. Da während der Amortisationszeit der zweiten Hypothek die Schulden und vor allem die Schuldzinsen immer gleich hoch bleiben, können Leute mit mittleren und höheren Einkommen beachtliche Steuerersparnisse erzielen. Dies zeigt der Amortisationsvergleich.

Amortisationsvergleich	Bank		Versicherung	
	direkte Amortisation	indirekte via Säule 3a	indirekte via Säule 3a	indirekte via Säule 3b
Zins auf Amortisation im 1.Jahr	5 700	5 700	5 700	5 700
Zins auf Amortisation im letzten Jahr	285	5 700	5 700	5 700
Zinsaufwand total	**59 850**	**114 000**	**114 000**	**114 000**
Jährlicher Amortisationsbetrag	5 700	5 700	5 700	5 700
Amortisation/Prämien total	**114 000**	**114 000**	**114 000**	**114 000**
Bruttokosten (Zins + Amortisation)	**173 850**	**228 000**	**228 000**	**228 000**
Sparkapital nach 20 Jahren	—	166 836	163 976 [1]	163 976 [1]
Verzinsungsannahme/Offerte	—	3,5 %	Offerte	Offerte
Steuerabzug [2]	—	14 064	13 823	nein
Nettokapital nach 20 Jahren	—	152 772	150 153	163 976
Amortisation im letzten Jahr	—	114 000	114 000	114 000
Überschüssiges Kapital	—	38 772	36 153	49 976
Steuervorteil Prämienabzug [2]	—	30 267	30 267	nein
Steuervorteil Schuldzinsabzug [2]	—	14 377	14 377	14 377
Steuervorteil total [2]	**—**	**44 644**	**44 644**	**14 377**
Steuerabzug für die Amortisation	nein	ja	ja	nein
Prämienbefreiung bei Invalidität	nein	nein	ja	nein
Tod mitversichert [3]	nein	nein	125 551	125 551
Nettokosten (Bruttokosten abzüglich Steuervorteil und überschüssigem Kapital)	**173 850**	**144 584**	**147 203**	**163 647**
Vorteil der indirekten Amortisation	**—**	**29 266**	**26 647**	**10 203**

Annahmen: Mann, Geburtsjahr 1957, Grenzsteuersatz 26,6 Prozent, Alter bei Amortisation 60, Kanton LU, Amortisationsziel 114 000 Franken, Amortisationsbetrag 5700 Franken, Amortisationsdauer 20 Jahre, Schuldzins 5 Prozent.

[1] Technischer Zinsfuss 3,5 % zuzüglich nicht garantierter Überschüsse
[2] Ungefähre Steuerbelastung im Kantonshauptort (Abweichungen möglich)
[3] Zuzüglich der bis zu diesem Zeitpunkt bereits gutgeschriebenen Überschüsse

Quelle: Credit Suisse/Schweizer Versicherung

Indirekte Amortisation kann Vorteile bringen

Es ist jedoch möglich, die Amortisation indirekt über ein Konto der gebundenen (Säule 3a) bzw. der freien Vorsorge (3b) vorzunehmen. Diese Sparbeiträge können Sie der Bank als Sicherheit für die Hypothek verpfänden.

Nach einer vereinbarten Zeit, zum Beispiel nach 20 Jahren, tilgen Sie dann die ganze Hypothek auf einmal. So reduziert sich faktisch Ihre Zinslast, ohne dass der Steuervorteil verloren geht. Bei einem Hypozins von 5 Prozent und einem Grenzsteuersatz von 30 Prozent lassen sich auf diese Weise gegenüber der direkten Amortisation pro 100 000 Franken Kapital gut 1000 Franken im Jahr sparen (siehe Tabelle links).

Man muss sich jedoch bewusst sein, dass dafür die frei verfügbaren Mittel kleiner sind. Und auch die zusätzlichen steuerfreien Überschussanteile, die Lebensversicherungen in Aussicht stellen, sind nicht garantiert.

Die indirekte Amortisation der Hypothek über die 3. Säule ist daher erst sinnvoll ab einem Grenzsteuersatz von etwa 25 Prozent. Zudem sollte man sein Geld auch wirklich Gewinn bringend anlegen (z. B. in Aktien).

Es ist dagegen unsinnig, sein Erspartes der Bank für einen bescheidenen Zinssatz zur Verfügung zu stellen, gleichzeitig aber das Doppelte oder noch mehr für den Hypothekarkredit zu bezahlen. In diesen häufigen Fällen lohnt sich die Rückzahlung unbedingt.

Wohneigentum mit Geld aus der Pensionskasse finanzieren

Eine der wenigen Möglichkeiten, sein Pensionskassengeld frühzeitig zu beziehen, ist die Investition in selbst genutztes Wohneigentum. Die Alters- und im Bedarfsfall die Invalidenrente wird dadurch zwar empfindlich geschmälert. Dafür sinken die Aufwendungen für das Wohnen.

Eine gute Alternative zur Beschaffung von Eigenkapital für den Erwerb von Wohneigentum ist die Verpfändung der 2. Säule. Die Verpfändung des Alterskapitals ist auf diese Weise steuerbegünstigt. Die zusätzlich anfallenden Schuldzinsen können Sie erst noch vom Einkommen abziehen, was die Progression sinken lässt. Zudem bleibt so der Alters- und Risikoschutz voll bestehen.

Der volle Bezug von BVG-Geldern ist nur bis zum 50. Altersjahr möglich. Danach ist der Bezug in dieser Höhe oder – falls das mehr ist – auf die Hälfte der Freizügigkeitsleistung beschränkt. Der Mindestbezug liegt bei 20 000 Franken und ist alle fünf Jahre möglich. Viele

Pensionskassen verlangen bei einem Vorbezug Gebühren, die mehrere hundert Franken ausmachen können. Drei Jahre vor der Pensionierung dürfen Sie keine Vorbezüge mehr tätigen.

Beachten Sie auch, dass Sie Vorbezüge aus der Pensionskasse zurückerstatten müssen, wenn Sie die Liegenschaft verkaufen (ausser beim Verkauf an eigene Kinder, Ehe- oder Konkubinatspartner). Zieht der Versicherte bei einer Scheidung aus dem Haus aus, löst dies ebenfalls keine Rückzahlungspflicht aus.

Umstritten ist die Vermietung der Liegenschaft. Explizit ist sie nicht verboten; andersreits ist die Bedingung nicht mehr erfüllt, dass es sich um selbst bewohntes Wohneigentum handeln muss.

Neuerdings dürfen Nachzahlungen erst nach drei Jahren wieder bezogen werden. Zudem müssen bereits erfolgte Vorbezüge zuerst zurückerstattet werden, bevor Nachzahlungen wieder steuerwirksam abgesetzt werden dürfen.

Kann der Konkubinatspartner nur die Hälfte der Schuldzinsen abziehen?

Meine Partnerin und ich besitzen gemeinsam eine Liegenschaft. Sie arbeitet derzeit nicht, deshalb habe ich mich verpflichtet, für die fälligen Hypothekarzinsen alleine aufzukommen. Nun meint der Steuerkommissär aber, ich könnte nur die Hälfte der Zinsbelastung als Schuldzinsen geltend machen. Ist das korrekt?

Nein. Ein Konkubinatspartner, der die Hypothekarzinsen einer gemeinsamen Liegenschaft vollumfänglich begleicht, kann diese auch im vollen Umfang abziehen, sofern beide Konkubinatspartner gegenüber der Hypothekargläubigerin solidarisch haften. Dies hat das Aargauer Steuerrekursgericht im Dezember 2000 so entschieden.

Steuern auf Grundstück und Haus

Bereits beim Kauf einer Liegenschaft ist erstmals eine Steuer fällig: die **Handänderungssteuer.** Alle Kantone ausser AG, GL, SH, UR, ZG und ZH sowie einzelne Gemeinden erheben sie (ausser bei Schenkung, Erbgang, Tausch oder Zwangsverwertung). Vielerorts ist man allerdings dabei, die Handänderungssteuer abzuschaffen.

Die Kosten trägt meistens der Käufer. In einzelnen Kantonen (AR, BL, OW) teilen sich Käufer und Verkäufer die Kosten je zur Hälfte. Hinzu kommen überall Gebühren bzw. Abgaben für die notarielle Beglaubigung und den Grundbucheintrag. Für das Hypothekardarlehen müssen Sie einen gebührenpflichtigen Schuldbrief errichten.

All diese Gebühren und Steuern berechnen sich mit einem bestimmten Prozentsatz auf den Preis bzw. den Wert der Liegenschaft und schwanken sehr stark von Kanton zu Kanton. Die Spanne liegt bei 1,5 bis 5 Prozent des Kaufpreises.

13 Kantone (AI, BE, FR, GE, GR, JU, LU, NE, SG, TG, TI, VD und VS) und die Gemeinde Bettingen BS belasten das private Grundeigentum nicht nur mit der Vermögenssteuer, sondern zusätzlich mit einer **Liegenschaftssteuer** (auch Grund- oder Grundstücksteuer genannt). Sie wird meist von der Gemeinde erhoben, wobei einzelne Gemeinden auch auf dieses kantonale Recht verzichten.

Sie liegt je nach Kanton zwischen 0,5 und 3 Promille des Verkehrswerts der Liegenschaft. Geschuldet ist sie jährlich, und zwar ohne Abzug der auf der Liegenschaft lastenden Schulden.

Grundstückgewinnsteuer soll Spekulation eindämmen
Die **Grundstückgewinnsteuer** ist mit Abstand die bedeutendste Steuer auf Liegenschaften und fällt beim Verkäufer an. Alle Kantone erheben diese Steuer, nicht aber der Bund. Er beschränkt sich

beim Liegenschaftenhandel auf die Besteuerung der Unternehmen (Gewinnsteuer) und der gewerbsmässigen Liegenschaftshändler (Einkommenssteuer). In ZG und ZH ist sie ausschliesslich Sache der Gemeinden. In BE, BS, FR, GR, JU, OW und SH kassieren Kanton und Gemeinden (in GR fakultativ).

Eigentlich ist die Grundstückgewinnsteuer eine Kapitalgewinnsteuer (die zum Beispiel bei Aktien aber steuerfrei ist). Sie ist vom Verkäufer zu bezahlen und soll vor allem die kurzfristige Spekulation mit Bauland und Liegenschaften verhindern.

Deshalb ist sie in fast allen Kantonen nicht nur von der Gewinnhöhe, sondern auch von der Besitzdauer der Liegenschaft abhängig: Je länger sie im Besitz des Verkäufers war, desto tiefer fällt die Steuer aus (vergleiche Tabelle Seite 92). In UR und ZG ist die Steuer auch vom relativen Gewinn abhängig.

Nur wenige berücksichtigen die Geldentwertung

Um den steuerbaren Gewinn zu bestimmen, ist aber nicht einfach der Kauf- vom Verkaufspreis der Liegenschaft abzuziehen. Abzugsfähig sind auch alle wertvermehrenden Investitionen, die Sie in der Zwischenzeit vorgenommen haben, sowie allfällige Baukreditzinsen, soweit Sie sie nicht bereits als Schuldzinsen abziehen durften (siehe Seite 87).

Nur BL, GR, JU und VS berücksichtigen bei der Berechnung der Grundstückgewinnsteuer die Geld-

entwertung seit Erstellung bzw. Übernahme der Liegenschaft.

Erst der definitive Verkauf ist steuerpflichtig

Die reine Ersatzbeschaffung für selbst bewohntes Eigentum darf man normalerweise aufrechnen. Erst der definitive Verkauf ist dann steuerpflichtig. Ersatzbeschaffung im Ausland wird es aber auch in Zukunft nicht geben.

Damit die Steuerbehörden die Ersatzbeschaffung anerkennen, muss sie «innert angemessener Frist» erfolgen. In der Praxis handhaben die Kantone diese Fristen unterschiedlich. In der Regel muss

Liegenschaft verschenkt: Habe ich Anrecht auf Steueraufschub?

Mein Nachbar hat seinem Sohn sein Haus im Wert von 500 000 Franken samt Hypotheken von 300 000 Franken überschrieben. Die Grundstückgewinnsteuer wurde gemäss bernischem Steuerrecht bei Schenkung, Erbgang oder Erbvorbezug aufgeschoben. Da ich ein Haus in Spanien kaufen möchte, wollte ich dasselbe tun, habe die Hypothek auf mein Haus von 100 000 auf 300 000 Franken aufgestockt und meiner Tochter übertragen. Doch nun will man mir diesen Steueraufschub nicht gewähren. Ist das nicht ungerecht?

Nein. Denn in Ihrem Fall müssen die bernischen Behörden von einer Steuerumgehung ausgehen. Im Gesetz heisst es nämlich ausdrücklich, dass bei der Abtretung einer Liegenschaft im Rahmen eines Erbvorbezugs die Besteuerung nur aufgeschoben wird, wenn ausschliesslich die bestehenden Grundpfandschulden übertragen werden. Wurden diese Hypothekarschulden nur Wochen oder Monate zuvor erhöht, so ist davon auszugehen, dass eben keine unentgeltliche Schenkung erfolgt ist.

die alte Liegenschaft spätestens ein bis zwei Jahre nach dem Kauf einer neuen Liegenschaft verkauft sein. Umgekehrt muss der Ersatzkauf spätestens zwei bis vier Jahre nach dem Verkauf der alten Liegenschaft erfolgen.

Bei Ersatzbeschaffungen innerhalb desselben Kantons zeigen sich manche Kantone noch grosszügiger: Wenn Sie die neue Liegenschaft während mindestens zehn Jahren nicht veräussern, so entfällt die aufgeschobene Grundstückgewinn- bzw. Handänderungssteuer für die alte Liegenschaft oft vollständig. Andernfalls müssen Sie die Steuer jedoch nachzahlen.

Grundstückgewinnsteuern: Von der Besitzdauer abhängig

Kanton/ Hauptort	5 Jahre	20 Jahre	5 Jahre	20 Jahre	5 Jahre	20 Jahre
	50 000 Franken		100 000 Franken		200 000 Franken	
AG Aarau	15 000	5 000	30 000	10 000	60 000	20 000
AI Appenzell	11 305	5 950	27 930	14 700	65 930	34 700
AR Herisau	15 000	11 250	30 000	22 500	60 000	45 000
BE Bern	11 006	6 406	26 444	16 024	59 176	36 863
BL Liestal	8 000	8 000	23 000	23 000	50 000	50 000
BS Basel	24 000	8 250	48 000	16 500	96 000	33 000
BS Basel [1]	15 000	8 250	30 000	16 500	60 000	33 000
FR Freiburg	14 400	8 000	28 800	16 000	57 600	32 000
GE Genf	15 000	5 000	30 000	10 000	60 000	20 000
GL Glarus	11 875	6 875	26 125	15 125	54 625	31 625
GR Chur	7 465	6 345	20 846	17 719	60 000	51 000
JU Delsberg	8 722	6 978	22 428	17 942	54 824	43 859
LU Luzern	8 894	7 115	22 523	18 018	51 398	41 118
NE Neuenburg	9 635	4 100	24 910	10 600	56 400	24 000
NW Stans	13 050	8 550	27 100	17 100	52 200	34 200
OW Sarnen	6 104	5 426	14 471	12 863	31 016	27 569
SG St. Gallen	9 288	8 506	25 444	23 303	59 279	54 290
SH Schaffhausen	13 572	5 429	35 100	14 040	70 200	28 080
SO Solothurn	8 264	4 747	22 121	13 500	53 348	34 550
SZ Schwyz	9 099	4 550	22 599	11 300	49 599	24 800
TG Frauenfeld	20 000	8 000	40 000	16 000	80 000	32 000
TI Bellinzona	12 500	2 000	25 000	4 000	50 000	8 000
UR Altdorf	5 880	3 763	17 280	11 059	54 080	34 611
VD Lausanne	9 000	4 500	18 000	9 000	36 000	18 000
VS Sitten	6 600	2 400	19 800	7 200	52 800	19 200
ZG Zug	6 250	5 000	20 000	10 000	40 000	20 000
ZH Zürich	11 305	5 950	27 930	14 700	65 930	34 700

(Besitzdauer und Gewinn)

Lesebeispiel: Beim Verkauf einer Liegenschaft, die 20 Jahre im eigenen Besitz war und einen Gewinn von 100 000 Franken brachte, ist in der Stadt Bern eine Grundstückgewinnsteuer in der Höhe von 16 024 Franken fällig.

1 Für selbst genutztes Wohneigentum

Quelle: Eidg. Steuerverwaltung 2006

Grundstückgewinnsteuer: Beispiel Kanton Zürich

Kaufpreis 1985 (in Franken)	400 000
Wertvermehrende Investitionen	140 000
Verkaufspreis	1 000 000
Grundstückgewinn vor Steuern	460 000
Grundstückgewinnsteuer	89 350 [1]
Grundstückgewinn nach Steuern	**370 650**

1 50 Prozent Ermässigung auf den Tarif von 178 700 Franken
wegen der über 20-jährigen Besitzdauer;
Beträge in Franken

Obwohl für Grundstückgewinne auch Private steuerpflichtig sind, dürfen sie Verluste beim Verkauf nur beschränkt oder gar nicht geltend machen oder aufrechnen. Zeitlich befristete oder sonst eingeschränkte Verrechnungen lassen zu: AR, BE, BL, BS, FR, GL, GR, JU, LU, OW, SG, SZ, TG, TI, UR, ZH. Das Privileg voller Gewinn- und Verlustverrechnung geniessen nur Unternehmen und gewerbsmässige Liegenschaftshändler.

Steuerschulden: Staat kann den Käufer belangen

Der Käufer einer Liegenschaft muss bei der notariellen Verschreibung unbedingt darauf achten, dass der Verkäufer die Grundstückgewinnsteuer bereits hinterlegt hat oder deren Zahlung zumindest sichergestellt ist.

Die Steuerbehörden sind nämlich ermächtigt, die fälligen Steuern beim neuen Besitzer einzutreiben, wenn es beim Verkäufer aussichtslos erscheint. Dies hat zum Beispiel die Steuerrekurskommission VS im Oktober 1996 bestätigt. Der Staat hat also ein Grundpfandrecht zur Sicherstellung seiner Ansprüche.

Dabei ist es nicht notwendig, dass die Bezugsbehörde alle rechtlichen Schritte gegen den eigentlichen Steuerschuldner ausgeschöpft hat, bevor sie sich an den neuen Eigentümer hält. Es genügt die Erkenntnis, dass die Schuld uneinbringlich ist. Die Zahlungsunfähigkeit des Schuldners muss nicht mit einem Verlustschein festgehalten sein.

Haus geerbt: Die Steuern sind nur aufgeschoben

Bei Schenkung, Erbgang, Erbvorbezug, Heirat und Trennung bzw. Scheidung fallen in der Regel keine Grundstückgewinn- oder Handänderungssteuern an – zumindest vorerst nicht. Aber aufgeschoben ist nicht aufgehoben: Wer später die Liegenschaft weiterverkauft, muss die Grundstückgewinnsteuer nachzahlen. Und zwar auf die Differenz zum ursprünglichen Erwerbspreis und nicht etwa zum Übernahmepreis – wie es früher üblich war.

Nur AR, GE, JU und NE verzichten ganz darauf. Hingegen sind meist Erbschafts- bzw. Schenkungssteuern fällig. Anders als beim Erben von beweglichem Vermögen nimmt jener Kanton die Besteuerung vor, in dem die Liegenschaft sich befindet.

Steuererklärung und Steuerformulare
Gute Vorbereitung spart Zeit und Nerven

Die Steuererklärung auszufüllen ist keine Hexerei. Und doch tun sich viele schwer damit. Wer folgende Tipps beherzigt, spart Zeit und Nerven – und möglicherweise auch Geld.

Steuerpflichtig sind alle, und sei es nur, dass sie die Kopfsteuer (in allen Kantonen ausser AG, AI, AR, BE, BL, BS, FR, JU, NE, OW, SG, TG und ZG; in GR und VD nur Gemeinden) oder die Feuerwehrsteuer von ein paar Franken jährlich zu entrichten haben.

Für Kinder und Jugendliche sind in der Regel die Eltern steuerpflichtig. Sie führen deren Vermögen inklusive Ertrag in ihrer Steuererklärung auf. Sobald Jugendliche aber eine regelmässige Erwerbstätigkeit (z. B. Lehre) aufnehmen, werden sie selbst steuerpflichtig.

Eine Ausnahme machen Halbwaisenkinder, deren Einkommen und Vermögen neu in allen Kantonen durch den Inhaber der elterlichen Sorge zu versteuern ist. Das ist durchaus mit Nachteilen verbunden, weil sich dies negativ auf die Progression auswirkt.

Nicht zu versteuern sind Göttibatzen, Taschengeld und andere Gelegenheitsgeschenke. Bei Beträgen über 2000 Franken können sie aber je nach Kanton der Schenkungssteuer unterliegen (mehr dazu auf Seite 108 ff.).

Eigene Steuererklärung: Ab 18 Jahren Pflicht

Ab dem 18. Altersjahr muss man auf jeden Fall eine eigene Steuererklärung ausfüllen – selbst wenn es weder Vermögen noch Einkommen zu deklarieren gibt. Nichterwerbstätige können das Steuerformular aber mit der Unterschrift und einem simplen Vermerk versehen (zum Beispiel «Student bis 2009») zurücksenden.

Wer erst im Laufe des Jahres eine Erwerbstätigkeit aufnimmt, trägt nur das effektiv erzielte Einkommen ein. Die Umrechnung auf das ganze Jahr (zur Satzbestimmung) nimmt bei erstmaliger Steuerpflicht das Steueramt vor.

Auch Minderjährige müssen neuerdings eine eigene Steuererklärung ausfüllen, sobald sie über ein regelmässiges oder ein grösseres Einkommen verfügen (ausser in AG, GL und TI; hier bleiben sie steuerfrei).

Drei Kantone kennen Spezialabzüge auf dem Einkommen von

Steuererklärung per Computer

Das Informatik- und Internet-Zeitalter ist auch an den Steuerverwaltungen nicht spurlos vorbeigegangen. In allen Kantonen (mit Ausnahme von NE) gibt es heute CDs mit Steuerformularen und Anleitungen und/oder Software, die direkt aus dem Internet auf den PC heruntergeladen werden kann. Bislang nur in BE und SG kann man Steuerformulare direkt im Internet ausfüllen und absenden.

Einzig Mac-User müssen in etwa der Hälfte der Kantone noch immer auf Papier ausweichen oder sich ein Emulgationsprogramm beschaffen, dank dem sie auch die PC-Applikationen anwenden können. In einigen Kantonen (z. B. SG, SZ, TG und ZG) funktioniert die Steuer-Software auch auf Linux.

Die Internetadressen der Steuerverwaltungen finden Sie auf Seite 130 ff.

Minderjährigen: FR 1500, JU 3500 und VS 7130 Franken. GE unterstellt das Erwerbseinkommen von Minderjährigen unabhängig der Nationalität der Quellensteuer, wobei die ersten 20 400 Franken steuerfrei sind.

Kantonswechsel: Nur noch eine Steuererklärung

Wer im Laufe des Jahres den Kanton wechselt, ist neu für das ganze Jahr nur im Zuzugskanton steuerpflichtig. Massgebend ist jeweils der Wohnort am 31. Dezember des Jahres. Wer die Wohngemeinde wechselt, aber im gleichen Kanton bleibt, zahlt die Gemeindesteuer für das ganze Jahr normalerweise an jene Gemeinde, in der er am 31. Dezember des Jahres wohnhaft ist. Eine Ausnahme von dieser Regel machen die Kantone GL, NW, OW und ZH, wo die Gemeindesteuer jeweils von jener Gemeinde kassiert wird, in der man am 1. Januar des betreffenden Jahres wohnhaft war.

Spezielle Regelungen kennen die Kantone FR und NE, wo man bei einem Wechsel des Wohnorts nach wie vor von beiden Gemeinden eine Pro-rata-Rechnung erhält.

Wer in einem andern Kanton eine Ferienwohnung besitzt, muss nur eine Steuererklärung an seinem Hauptwohnsitz einreichen. Den Steuerbehörden seines Ferienkantons braucht man bloss eine Kopie der Steuererklärung zuzustellen. Die erforderlichen Ausscheidungen nehmen die beiden Kantone selbständig untereinander vor.

Tarif richtet sich nach dem Zivilstand am Jahresende

Die Behörden besteuern Ehepartner, die ungetrennt zusammenleben, gemeinsam. Sie zählen deren Einkommen unabhängig vom gewählten Güterstand zusammen. Es unterliegt mithin als Gesamtes dem progressiven Steuertarif.

Der günstigere Verheiratetentarif, Splittingmodelle und gewisse zusätzliche Abzüge gleichen diesen Nachteil wenigstens teilweise wieder aus (siehe Seite 14 ff.).

In nahezu allen Kantonen ist für die Besteuerung der Zivilstand am Jahresende (31. Dezember) massgebend. Wer zum Beispiel erst im Herbst geheiratet hat, wird dennoch für das ganze Jahr gemeinsam besteuert.

Eine Ausnahme machen nur AI und ZH, wo man für die Besteuerung auf den Zivilstand zu Jahresbeginn (1. Januar) abstellt. Hier muss man für das Jahr der Heirat noch zwei getrennte Steuererklärungen einreichen und kann dafür ein letztes Mal von den tieferen Steuersätzen bei der getrennten Besteuerung profitieren.

7
Steuererklärung und Steuerformulare

Partner, die sich im Lauf des Jahres getrennt haben oder sich scheiden liessen, müssen für die betreffende Periode getrennte Steuererklärungen einreichen. Massgebend ist für diesen Fall in allen Kantonen der Zivilstand am 31. Dezember des Jahres. Das kann sich vor allem bei Partnern, bei denen nur ein Teil erwerbstätig war, sehr negativ auswirken, weil dann für das ganze Jahr der Ledigentarif zur Anwendung kommt, der sehr viel höher ist als der Tarif, der für Verheiratete gilt.

Stirbt ein Ehepartner, wird der andere vom Folgetag an getrennt besteuert. In diesem Fall muss man zwei Steuererklärungen einreichen: eine von Jahresbeginn bis zum Todestag und eine für den Zeitraum danach.

FRAGE

Ins Ausland abgemeldet: Trotzdem Steuern zahlen in der Schweiz?

Ich habe mich bei meiner Wohngemeinde abgemeldet, weil ich mich in Thailand niederlassen möchte. In der Schweiz habe ich nur noch eine Liegenschaft im Miteigentum. Nun verlangt die Steuerverwaltung, dass ich trotzdem eine vollständige Steuererklärung einreiche. Ist dies tatsächlich nötig?

Ja. Sie müssen eine Steuererklärung über Ihre gesamten Einkommens- und Vermögensverhältnisse einreichen. Blosse Angaben zum schweizerischen Liegenschaftenbesitz genügen nicht, da Ihre Gesamtverhältnisse zur Festlegung des Progressionssatzes benötigt werden. Er bemisst sich an Ihrem gesamten Einkommen und Vermögen und nicht nur am Ertrag bzw. Vermögen Ihrer schweizerischen Liegenschaft.

Mehrere Wohnsitze: Steuerpflicht am «Lebensmittelpunkt»

Steuerpflichtig ist man normalerweise an seinem Wohnsitz. Wenn mehrere Wohnsitze vorhanden sind, am «Lebensmittelpunkt», wie es in entsprechenden Gesetzen und Verordnungen heisst. Konkret also dort, wo man die meiste private Zeit, insbesondere die Wochenenden, verbringt, seine Familie und Freunde hat, in Vereinen aktiv ist, die Kinder zur Schule gehen etc. Man darf also nicht einfach wahlweise den steuergünstigeren Wohnsitz zum offiziellen Domizil erklären, auch wenn dies häufig versucht wird.

Wochenaufenthalter: Behörden prüfen nach

Bei Wochenaufenthaltern kann es da schon mal vorkommen, dass ein eifriger Steuerbeamter zum Telefonhörer greift, um nachzuprüfen, ob man über das Wochenende wirklich nach Hause gefahren ist (siehe Kasten Seite 34).

Erwischen einen die Steuerbehörden zu häufig auch an den Freitagen am Zweitwohnsitz bzw. am Arbeitsort, so kann es geschehen, dass man plötzlich an dieser Adresse für steuerpflichtig erklärt wird. Die Gefahr besteht vor allem, wenn das Zweitdomizil komfortabler ist als der offizielle Wohnsitz.

Dies ist insbesondere für jene Steuerkünstler lästig, die offiziell in einem Steuerparadies wohnen, angeblich aber als Wochenaufenthalter oder gar als Pendler in einer Steuerhölle arbeiten.

Besonders betroffen sind allein stehende Wochenaufenthalter. Das Bundesgericht hat im März 1998 entschieden, dass bei Ledigen nach fünf Jahren der Arbeitsort auch als Wohnort zu betrachten ist, da die Bindung ans Elternhaus nicht mehr im Vordergrund stehe. Auf dieses Urteil stützen sich inzwischen auch zahlreiche Kantone.

Wer von einem Kanton in einen andern zieht, braucht nur noch im neuen Kanton eine Steuererklärung einzureichen, und zwar für das ganze Jahr. Unter dem Jahr muss man nur noch eine Steuererklärung einreichen, wenn man sich definitiv ins Ausland abmeldet oder in der Schweiz neu Wohnsitz nimmt.

Steuererklärung ausfüllen – Schritt für Schritt

Das Gesetz über die Steuerharmonisierung verlangt klipp und klar: «Für die Steuererklärungen und die dazugehörigen Beilagen werden für die ganze Schweiz einheitliche Formulare verwendet.» Damit sollte der Wirrwarr um die 26 kantonalen Steuerformulare eigentlich Vergangenheit sein. Doch noch längst nicht alle Kantone haben die neuen Musterformulare der eidgenössischen «Arbeitsgruppe Vereinheitlichung der Steuererklärung» übernommen (Beispiel Zürich Seite 100 ff.). Immerhin finden die neuen, farbigen Formulare in den grossen Kantonen Anwendung, wenn sie sich auch in Details noch immer unterscheiden.

Eine gute Vorbereitung ist wichtig

Wer sich auf das Ausfüllen seiner Steuerformulare richtig vorbereitet, spart Zeit und Nerven. Alle erforderlichen Unterlagen sollten also griffbereit sein. Dies betrifft insbesondere:

- die letzte Steuererklärung
- die letzte definitive Veranlagungsverfügung
- die Wegleitung
- die Lohnausweise (auch für den Nebenerwerb)
- Bescheinigung der Arbeitslosenkasse über bezogene Taggelder
- Abrechnung inklusive Zinsgutschrift über alle Bank-, Postcheck- und sonstigen Konti (per 31. Dezember)
- Wertschriftenverzeichnis der Depotbanken sowie die Kauf- und Verkaufsabrechnungen der Wertschriften (inkl. den Dividendengutschriften)
- Mietzinseinnahmen oder Eigenmietwert-Verfügung
- Bescheinigung über ausserordentliche Beitragsleistungen an die Pensionskasse
- Schuldzinsbelege (muss man unbedingt beilegen)
- Bescheinigung für Einzahlungen in die Säule 3a (muss man unbedingt beilegen)
- Belege über Umbauten und Renovationen
- Belege über Kosten für den Fahrweg und auswärtige Verpflegung
- Belege über sonstige berufliche Aufwendungen (Arbeitswerkzeuge, Fachliteratur etc.)
- Belege über Krankheits-, Unfall- oder Invaliditätskosten

- Belege über Kosten für Umschulung und Weiterbildung
- Steuerformulare und Hilfsblätter

Zuerst die Verzeichnisse und Hilfsblätter ausfüllen...

Es empfiehlt sich, zunächst einmal alle Zusatz- und Hilfsformulare auszufüllen, bevor man sich das Hauptformular vornimmt. Als Erstes ist das Wertschriftenverzeichnis (siehe Seite 106) an der Reihe, aus dem sich das Vermögen und der Vermögensertrag ergeben, die Sie wiederum ins Hauptformular übertragen müssen (Seite 103). Haus- oder Wohnungseigentümer füllen anschliessend das Hilfsblatt über «Einkommen und Steuerwert von Liegenschaften im Privatvermögen» aus.

Dann folgen die Hilfsblätter zu den Gewinnungs- bzw. den übrigen Berufsauslagen (Seite 105), den Krankheitskosten, den Umschulungs- und Weiterbildungskosten sowie das Schuldenverzeichnis (Seite 104).

Das Endergebnis dieser Hilfsblätter übertragen Sie wiederum ins Hauptformular. Selbständigerwerbende füllen zudem das Hilfsblatt für Steuerpflichtige mit selbständigem Erwerb aus.

Das Hilfsblatt für Liegenschaften muss nur ausfüllen, wer ein Haus oder eine Wohnung vermietet. Die Angaben über selbst genutztes Wohneigentum trägt man dagegen direkt ins Hauptformular ein.

Sofern die Hilfsblätter Ihren Bedürfnissen nicht oder zu wenig entsprechen, können Sie Erläuterungen oder zusätzliche Angaben auch auf einem separaten Blatt niederschreiben. Hilfsblätter und sonstige Beiblätter sind der Steuererklärung ebenfalls beizulegen. Das erspart Rückfragen und Ärger.

Amtliche Einschätzung: Wer zu spät kommt, zahlt meist drauf

Wer es verpasst, rechtzeitig eine Steuererklärung einzureichen, wird von Amtes wegen eingeschätzt. Dies erfolgt in der Regel aufgrund der bisherigen Steuererklärungen, im Zweifelsfall auch aufgrund der mutmasslichen Lebenshaltungskosten.

Es ist klar, dass die Steuerpflichtigen in nahezu allen Fällen schlechter wegkommen, als wenn sie selbst eine Steuererklärung abgegeben hätten. Immerhin besteht eine Rekursmöglichkeit, sodass sie doch noch eine Selbsteinschätzung nachreichen können.

Oft sind aber Nach- und Strafsteuern die Folge – nämlich immer dann, wenn die Ermessenseinschätzung zu tief ausgefallen ist (vgl. Ausführungen auf Seite 124 ff.).

...zum Schluss kommt das Hauptformular

Erst ganz am Schluss ergänzen Sie das eigentliche Hauptformular mit allen weiteren Angaben. Wenn Sie alles nochmals kontrolliert haben, übertragen Sie alle Angaben vom Doppel (oder von Ihrer Kopie in jenen Kantonen, die aus Kostenspargründen die Formulare nur noch in einer Ausführung schicken) auf das Originalformular. Dann unterschreiben Sie das Originalformular und alle Verzeichnisse (bei Ehepaaren sind in den meisten Kantonen beide Unterschriften erforderlich).

Zusammen mit den Lohnausweisen sowie den Bescheinigungen über Ihre 3a-Beiträge, den Schuldzinsbelegen und allen Hilfs- und Beiblättern senden Sie nun die Steuerformulare an das Gemeindesteueramt.

Dort erfolgt zunächst eine Vorprüfung, ob alle nötigen Unterlagen vorhanden sind. Ist dies der Fall, geht die Steuererklärung an die für Sie zuständige Veranlagungsbehörde beim Kanton.

Die Selbstdeklaration ist dann Grundlage für die erste, provisorische Steuerveranlagung und für die Steuerrechnungen, die auf dieser Basis verschickt werden. Erst danach prüfen die Steuerbeamten Ihre Steuererklärung auch inhaltlich, wofür sie sich in der Regel aber mindestens ein Jahr Zeit lassen.

Nach Abschluss dieses Prüfungsverfahrens erhält man die definitive Steuerveranlagung bzw. die Einschätzungsverfügung, gegen die man gegebenenfalls Einsprache erheben kann, wenn man sie für unzutreffend hält (gegen die provisorische Veranlagung ist noch keine Einsprache möglich).

Auf den nachfolgenden Seiten finden Sie die Musterformulare für die Steuererklärung.

Steuererklärung 2007

für natürliche Personen
Staats-, Gemeinde- und direkte Bundessteuer

Kanton Zürich

Reg.-Nr. 100.00.101.000   Gemeinde Zürich

Muster-Meister Felix
Muster-Meister Regula
Gartenstrasse
8099 Zürich

Vertreter/in, bevollmächtigt zur Entgegennahme von Auflagen und Entscheiden sowie für die direkte Bundessteuer auch von Veranlagungsverfügungen (definitiven Rechnungen):

Name / Firma
Vorname
Strasse   Nr.
PLZ   Ort
Telefon

Bei unterjähriger Steuerpflicht
Dauer der Steuerpflicht
vom
bis

Bei Heirat, Trennung oder Scheidung im Jahr 2007 hat jede(r) Steuerpflichtige eine separate Steuererklärung 2007 einzureichen.

◄ Personalien, Berufs- und Familienverhältnisse am 31. Dezember 2007

	Ehemann / Einzelperson		Ehefrau
Geburtsdatum	05.05.1965	Geburtsdatum	06.06.1966
Zivilstand	verheiratet	Vorname	Regula
Konfession	römisch-katholisch	Konfession	reformiert
Beruf	kaufm. Angestellter	Beruf	Krankenschwester
Arbeitgeber	Weber AG	Arbeitgeber	Kinderspital
Arbeitsort	Zollikon	Arbeitsort	Zürich
Telefon G.	044 888 88 88 P. 044 666 66 66	Telefon G.	044 888 88 88

Sind Sie selbständig erwerbend? ☐ ja ☒ nein   ☐ ja ☒ nein
In welcher zürcherischen Gemeinde haben Sie die letzte Steuererklärung eingereicht? **Zürich**

Kinder der Jahrgänge 1989-2007 oder in beruflicher Ausbildung stehende Kinder, deren Unterhalt Sie bestreiten:

Kinder in Ihrem Haushalt: Vorname, Name	Geburtsdatum	Schule oder Lehrfirma (wenn in Ausbildung)	Voraussichtlich bis	Leistet der andere Elternteil Unterhaltsbeiträge?*	
Muster, Heiri	01.01.1992			☐ ja ☐ nein	
Muster, Vreni	29.02.1996			☐ ja ☐ nein	
				☐ ja ☐ nein	

* wenn Sie ledig oder geschieden sind oder von Ihrem Ehegatten getrennt leben.

Kinder ausserhalb Ihres Haushaltes: Vorname, Name	Geburtsdatum	Adresse	Schule oder Lehrfirma	Voraussichtlich bis

Erwerbsunfähige oder beschränkt erwerbsfähige Personen *(ohne Ehegatten und oben aufgeführte Kinder),* die Sie mit einem jährlichen Beitrag von mindestens 🔵 Staatssteuer CHF 2'400 🔴 Bundessteuer CHF 5'600 unterstützen:

Vorname, Name	Geburtsjahr	In Ihrem Haushalt	Adresse	Unterstützungsbetrag pro Jahr
		☐ ja ☐ nein		CHF

Von Steuerpflichtigen nicht auszufüllen

Staatssteuer					Bundessteuer			Verrechnungssteuer 2007 CHF	Zustellung
Tarif		Einkommen	Vermögen vom ... bis	vom ... bis	**Tarif**		Einkommen	Mit sep. Protokoll 20...... gesondert zu besteuernde	Einrechnungsfrist erstreckt bis
VT	GT	1000 |100	1000	1000	1	2	1000 |100	Kapitalleistungen (§ 37 StG) CHF	
☐	☐				☐	☐		Kapitalleistungen (§ 37 StG) CHF	Frist erstreckt bis
vorl. Bezug	steuerbar							Datum .... Code	
	satzbest.							Steuerkom.	gemahnt am
Ein-schätzung	steuerbar							**AHV**	Eingang
	satzbest.							E V Datum	
								E V	

EINKÜNFTE IM IN- UND AUSLAND

Ehemann / Einzelperson, Ehefrau und minderjährige Kinder, ohne Erwerbseinkommen dieser Kinder

Einkünfte 2007, bzw. ab Datum Zuzug

CHF ohne Rappen

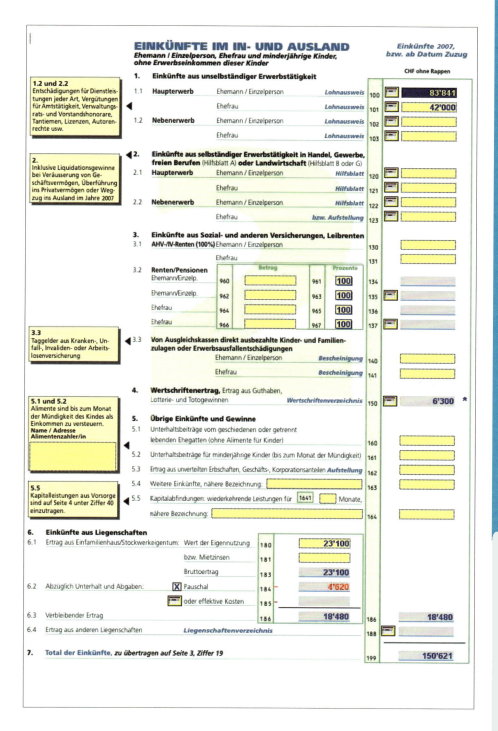

1.2 und 2.2
Entschädigungen für Dienstleistungen jeder Art, Vergütungen für Amtstätigkeit, Verwaltungsrats- und Vorstandshonorare, Tantiemen, Lizenzen, Autorenrechte usw.

2.
Inklusive Liquidationsgewinne bei Veräusserung von Geschäftsvermögen, Überführung ins Privatvermögen oder Wegzug ins Ausland im Jahre 2007

3.3
Taggelder aus Kranken-, Unfall-, Invaliden- oder Arbeitslosenversicherung

5.1 und 5.2
Alimente sind bis zum Monat der Mündigkeit des Kindes als Einkommen zu versteuern.
Name / Adresse
Alimentenzahler/in

5.5
Kapitalleistungen aus Vorsorge sind auf Seite 4 unter Ziffer 40 einzutragen.

1. Einkünfte aus unselbständiger Erwerbstätigkeit

1.1	Haupterwerb	Ehemann / Einzelperson	*Lohnausweis*	100	83'841
		Ehefrau	*Lohnausweis*	101	42'000
1.2	Nebenerwerb	Ehemann / Einzelperson	*Lohnausweis*	102	
		Ehefrau	*Lohnausweis*	103	

2. Einkünfte aus selbständiger Erwerbstätigkeit in Handel, Gewerbe, freien Berufen (Hilfsblatt A) oder Landwirtschaft (Hilfsblatt B oder G)

2.1	Haupterwerb	Ehemann / Einzelperson	*Hilfsblatt*	120	
		Ehefrau	*Hilfsblatt*	121	
2.2	Nebenerwerb	Ehemann / Einzelperson	*Hilfsblatt*	122	
		Ehefrau	*bzw. Aufstellung*	123	

3. Einkünfte aus Sozial- und anderen Versicherungen, Leibrenten

3.1	AHV-/IV-Renten (100%)	Ehemann / Einzelperson		130	
		Ehefrau		131	

3.2 Renten/Pensionen

		Betrag		Prozente	
Ehemann/Einzelp.	960		961	**100**	134
Ehemann/Einzelp.	962		963	**100**	135
Ehefrau	964		965	**100**	136
Ehefrau	966		967	**100**	137

3.3 Von Ausgleichskassen direkt ausbezahlte Kinder- und Familienzulagen oder Erwerbsausfallentschädigungen

Ehemann / Einzelperson	*Bescheinigung*	140	
Ehefrau	*Bescheinigung*	141	

4. Wertschriftenertrag, Ertrag aus Guthaben, Lotterie- und Totogewinnen *Wertschriftenverzeichnis* 150   6'300 *

5. Übrige Einkünfte und Gewinne

5.1	Unterhaltsbeiträge vom geschiedenen oder getrennt lebenden Ehegatten (ohne Alimente für Kinder)	160	
5.2	Unterhaltsbeiträge für minderjährige Kinder (bis zum Monat der Mündigkeit)	161	
5.3	Ertrag aus unverteilten Erbschaften, Geschäfts-, Korporationsanteilen *Aufstellung*	162	
5.4	Weitere Einkünfte, nähere Bezeichnung:	163	
5.5	Kapitalabfindungen: wiederkehrende Leistungen für 1641 Monate, nähere Bezeichnung:	164	

6. Einkünfte aus Liegenschaften

6.1	Ertrag aus Einfamilienhaus/Stockwerkeigentum: Wert der Eigennutzung	180	23'100		
	bzw. Mietzinsen	181			
	Bruttoertrag	183	23'100		
6.2	Abzüglich Unterhalt und Abgaben: [X] Pauschal	184	4'620		
	oder effektive Kosten	185			
6.3	Verbleibender Ertrag	186	18'480	186	18'480
6.4	Ertrag aus anderen Liegenschaften *Liegenschaftenverzeichnis*	188			

7. Total der Einkünfte, zu übertragen auf Seite 3, Ziffer 19   199   150'621

ABZÜGE

			Staatssteuer	Bundessteuer	
11.	**Berufsauslagen bei unselbständiger Erwerbstätigkeit**				
11.1	Ehemann / Einzelperson *Berufsauslagen*	220	5'115	5'115	*
11.2	Ehefrau *Berufsauslagen*	240	3'000	3'000	*
12.	**Schuldzinsen** (soweit nicht schon unter Ziff. 2 abgezogen) *Schuldenverz.*	250	6'000	6'000	*
13.	**Unterhaltsbeiträge und Rentenleistungen**				
13.1	Unterhaltsbeiträge an den geschiedenen oder getrennt lebenden Ehegatten	254			
13.2	Unterhaltsbeiträge für minderjährige Kinder (bis zum Monat der Mündigkeit)	255			
13.3	Rentenleistungen 2561 CHF _____ , abzugsfähig: 40%	256			
14.	**Beiträge an anerkannte Formen der geb. Selbstvorsorge (3. Säule a)**				
14.1	Ehemann / Einzelperson *Bescheinigung*	260	6'192	6'192	
14.2	Ehefrau *Bescheinigung*	261	6'192	6'192	
15.	**Versicherungsprämien, Zinsen von Sparkapitalien** *Versich.prämien*	270	7'000	4'500	*
16.	**Weitere Abzüge:**				
16.1	Beiträge an die AHV, IV und 2. Säule, sofern nicht unter Ziff. 1 und 2 abgezogen	280			
16.2	Abzüge für Beiträge an politische Parteien *Bescheinigung*	281			
16.3	Kosten für die Verwaltung des beweglichen Privatvermögens	283	200	200	
16.4	Weitere Abzüge, nähere Bezeichnung:	284			
17.	**Sonderabzug Erwerbstätigkeit beider Ehegatten** (Staats-steuer / Bundes-steuer) Je vom niedrigeren Erwerbseinkommen max. 5'200 max. 7'000	290	5'200	7'000	
18.	**Total der Abzüge, zu übertragen in Ziffer 20**	299	38'899	38'199	

EINKOMMENSBERECHNUNG

			Staatssteuer	Bundessteuer	
19.	**Total der Einkünfte** *Übertrag von Seite 2, Ziffer 7*	199	150'621	150'621	
20.	**Total der Abzüge** *Übertrag von Ziffer 18*	299	38'899	38'199	
21.	**Nettoeinkommen**	310	111'722	112'422	
22.	**Zusätzliche Abzüge**				
22.1	Krankheits-, Unfall- und Invaliditätskosten *Hilfsblatt*	320			
22.2	Gemeinnützige Zuwendungen *Aufstellung*	324	400	400	*
23.	**Reineinkommen** (Ziffer 21 abzüglich Ziffern 22.1 und 22.2)	350	111'322	112'022	
24.	**Steuerfreie Beträge (Sozialabzüge)** (Staats-steuer / Bundes-steuer)				
24.1	**Abzug für Kinder** (gemäss 1. Seite) **in Ihrem Haushalt:** (für Minderjährige, für Volljährige in Ausbildung, für die Sie keine Alimente erhalten) CHF 5'400 / 5'600 **ausserhalb Ihres Haushaltes:**	370	10'800	11'200	
	(für vollj. Kinder in Ausbildung, für die Sie Alimente leisten) 5'400 / 5'600	372			
24.2	Abzug für unterstützungsbed. Personen *Bestätigung* 2'400 / 5'600	374			
24.3	Abzug für fremdbetreute Kinder (Jahrg. 1993-2007) max. 3'000 —	376			
25.	**STEUERBARES EINKOMMEN GESAMT** (Ziffer 23 abz. Ziff. 24.1 bis 24.3)	390	100'522	100'822	
26.	**Vom steuerbaren Einkommen gemäss Ziffer 25 entfallen:**				
26.1	Auf steuerbare Einkünfte in anderen Kantonen	394			
26.2	Auf steuerbare Einkünfte im Ausland	396			
27.	**Steuerbares Einkommen im Kanton Zürich bzw. in der Schweiz**	398	100'522	100'822	

VERMÖGEN IM IN- UND AUSLAND

Ehemann / Einzelperson, Ehefrau und minderjährige Kinder, einschliesslich Nutzniessungsvermögen

► **Steuerwert am 31.12.2007**

Wichtig für die Festsetzung des AHV-pflichtigen Einkommens selbständig Erwerbender

CHF ohne Rappen

Hievon entfallen auf Geschäftsbetrieb

30.	**Bewegliches Vermögen**					
30.1	Wertschriften und Guthaben	*Wertschriftenverzeichnis*	400			★
30.2	Bargeld, Gold und andere Edelmetalle		404	120272		
30.3	Lebens- und Rentenversicherungen (Steuerwert gem. Bescheinigung der Versicherungsges.)					

Versicherungsgesellschaft	Abschlussjahr	Ablaufsjahr	Versicherungssumme			
ABC-Gesellschaft	**1992**	**2008**	**100'000**	406	51'785	
				407		

30.4	Motorfahrzeuge: **PW** Kaufpreis: **40000** Jahrgang: **2005**	412	20'000	
30.5	Anteile an unverteilten Erbschaften, Geschäfts- / Korporationsanteile *Aufstellung*	414		
30.6	Übrige Vermögenswerte; nähere Bezeichnung:	416		
31.	**Liegenschaften,** Verkehrswert gemäss Neufestsetzung ab 1.1.2003			
31.1	Einfamilienhaus oder Stockwerkeigentum Kanton **ZH** Gemeinde **Zürich** Strasse **Gartenstrasse**	420	578'000	
31.2	Zum Verkehrswert besteuert *Liegenschaftenverzeichnis*	421		
31.3	Zum Ertragswert besteuert (Land- oder Forstwirtschaft) *Liegenschaftenverzeichnis*	422		
32.	**Betriebsvermögen Selbständigerwerbender**			
32.1	Geschäfts- / Beteiligungskapital in Betrieben mit kaufm. Buchhaltung *Hilfsblatt A*	430		
32.2	Kunden- und andere Guthaben, soweit im Wertschriftenverzeichnis nicht enthalten	431		
32.3	Vorräte und Warenlager	432		
32.4	Viehhabe (Versicherungswert CHF)	433		
32.5	Anlagevermögen ohne Grundeigentum (Fahrzeuge, Maschinen/Mobiliar, Geräte usw.)	434		
33.	**Total der Vermögenswerte**	460	770'057	
34.	**Schulden** *Schuldenverzeichnis*	470	200'000	★
35.	**STEUERBARES VERMÖGEN GESAMT**	490	570'057	
36.	**Vom steuerbaren Vermögen gemäss Ziffer 35 entfallen:**			
36.1	Auf steuerbare Vermögenswerte in anderen Kantonen *Hinweis*	494	–	–
36.2	Auf steuerbare Vermögenswerte im Ausland	496	–	–
37.	**Steuerbares Vermögen im Kanton Zürich**	498	570'057	

KAPITALLEISTUNGEN IM JAHR 2007 Bitte *Bescheinigungen* einreichen

40. Auszahlungsdatum: _____ **Betrag:** CHF _____

☐ aus AHV / IV ☐ aus einer Einrichtung der beruflichen Vorsorge (2. Säule)
☐ aus Freizügigkeitskonto / -police ☐ aus einer anerkannten Form der geb. Selbstvorsorge (3. Säule a)
☐ infolge Tod oder für bleibende körperliche oder gesundheitliche Nachteile

Bei mehreren Kapitalleistungen ist ◄ neben den *Bescheinigungen* eine *Aufstellung* einzureichen.

50. ☐ **SCHENKUNGEN** ☐ **ERBVORBEZUG** ☐ **ERBSCHAFTEN** ☐ **BETEILIGUNG AN ERBENGEMEINSCHAFTEN**
(Name, Adresse und Verwandtschaftsgrad einsetzen)

50.1 Am _____ erhalten von _____ Wert CHF _____
50.2 Am _____ ausgerichtet an _____ Wert CHF _____

60. Bemerkungen: _____

Diese Steuererklärung ist vollständig und wahrheitsgetreu ausgefüllt

Beilagen
☐ PC-Steuererklärung inkl. Barcode-Blatt
☒ Wertschriftenverzeichnis
☒ Lohnausweise
☒ Berufsausl./Versicherungsprämien
☒ Bescheinigungen 3. Säule a
☐ Hilfsblatt/Fragebogen
☐ Bilanz und Erfolgsrechnung

Zürich, 15. Februar 2008
Ort und Datum

Felix Custa | *Regula Muster*
Unterschrift Ehemann / Einzelperson | Unterschrift Ehefrau

Schuldenverzeichnis

Kanton Zürich

Beilage zur Steuererklärung 2007

Reg.-Nr. **100.00.101.000**	Gemeinde **Zürich**
Name **Muster-Meister**	Vorname **Felix und Regula**
Strasse **Gartenstrasse**	Wohnort **Zürich**

Die Belege sind geordnet beizulegen

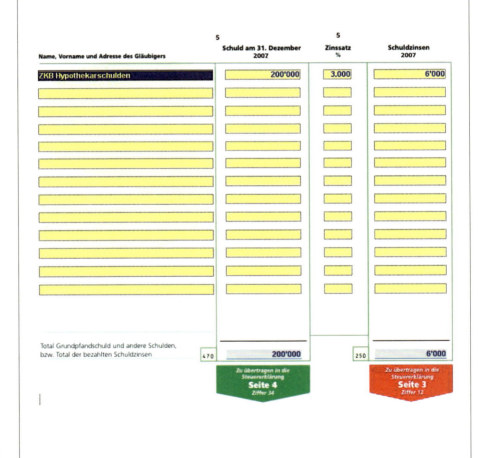

Name, Vorname und Adresse des Gläubigers	Schuld am 31. Dezember 2007 (5)	Zinssatz % (5)	Schuldzinsen 2007
ZKB Hypothekarschulden	200'000	3.000	6'000
Total Grundpfandschuld und andere Schulden, bzw. Total der bezahlten Schuldzinsen	470 200'000		250 6'000

Zu übertragen in die Steuererklärung
Seite 4
Ziffer 34

Zu übertragen in die Steuererklärung
Seite 3
Ziffer 12

Berufsauslagen 2007

Kanton Zürich

Beilage zur Steuererklärung 2007

Reg.-Nr.	**100.00.101.000**	Gemeinde	Zürich
Name	**Muster-Meister**	Vorname	**Felix und Regula**
Strasse	**Gartenstrasse**	Wohnort	Zürich

		Ehemann / Einzelperson	**Ehefrau**
		CHF ohne Rappen	

			Ehemann / Einzelperson		Ehefrau
1.	**Fahrkosten zwischen Wohn- und Arbeitsstätte**				
1.1	Abonnementkosten für öffentliche Verkehrsmittel	201	700	221	700
1.2	Fahrrad, Kleinmotorrad bis 50 cm³ (Kontrollschild mit gelbem Grund) pauschal CHF 700	202	☐ pauschal	222	☐ pauschal
1.3	Auto, Motorrad über 50 cm³ (Auto: CHF -.65 pro km, Motorrad: CHF -.40 pro km)				

1.3 Ehemann / Einzelperson
von **700** nach _____ Distanz Wohn- und Arbeitsstätte ___ km
___ km pro Tag x 240 Tage = ___ km pro Jahr x CHF **0.65** →

Ehefrau
von _____ nach _____ Distanz Wohn- und Arbeitsstätte ___ km
___ km pro Tag x 240 Tage = ___ km pro Jahr x CHF **0.65** → →

			Ehemann / Einzelperson		Ehefrau
2.	**Mehrkosten der Verpflegung**				
2.1	bei auswärtiger Verpflegung sofern die Dauer der Arbeitspause die Heimkehr nicht ermöglicht:				
	wenn die Verpflegung durch den Arbeitgeber verbilligt wird und dem Arbeitnehmer trotzdem Mehrkosten entstehen: pro Arbeitstag CHF 7 / im Jahr CHF 1'500	206	1'500	226	
	wenn die Verpflegung voll zu Lasten des Arbeitnehmers geht: pro Arbeitstag CHF 14 / im Jahr CHF 3'000	208		228	
2.2	bei durchgehender, mindestens achtstündiger Schicht- / Nachtarbeit, pro ausgewiesenen Schichttag CHF 14 / im Jahr CHF 3'000	210		230	
	Die vorstehenden Abzüge 2.1 und 2.2 dürfen nicht kumuliert werden				
3.	**Übrige für die Ausübung des Berufes erforderliche Kosten**				
	pauschal 3% des Nettolohnes II gem. Lohnausweis, mindestens CHF 1'900, höchstens CHF 3'800	212	☒ pauschal 2'515	232	☒ pauschal 1'900
	bzw. effektiv gemäss beiliegender Aufstellung mit Belegen				
4.	**Weiterbildungs- und Umschulungskosten**				
	pauschal CHF 400	214	☒ pauschal 400	234	☒ pauschal 400
	bzw. effektiv gemäss beiliegender Aufstellung mit Belegen				
5.	**Auslagen bei Nebenerwerb**				
	pauschal 20% der Einkünfte aus Nebenerwerb, mind. CHF 700 und höchstens CHF 2'200	216	☐ pauschal	236	☐ pauschal
	bzw. effektiv gemäss beiliegender Aufstellung mit Belegen				
6.	**Total der Berufsauslagen**	220	5'115	240	3'000

Zu übertragen in die Steuererklärung **Seite 3** Ziffer 11.1

Zu übertragen in die Steuererklärung **Seite 3** Ziffer 11.2

7. **Begründung für die Benützung eines privaten Motorfahrzeuges für den Arbeitsweg (für unselbständig Erwerbstätige)**
Zutreffendes ankreuzen:

	Ehemann / Einzelperson	Ehefrau
Fehlen eines öffentlichen Verkehrsmittels (siehe Wegleitung)	2041 ☐	2241 ☐
Zeitersparnis von über 1 Stunde bei Benützung des privaten Motorfahrzeuges	2042 ☐	2242 ☐
Ständige Benützung während der Arbeitszeit auf Verlangen und gegen Entschädigung des Arbeitgebers	2043 ☐	2243 ☐
Unmöglichkeit der Benützung des öffentl. Verkehrsmittels zufolge Krankheit / Gebrechlichkeit (Arztzeugnis beilegen)	2044 ☐	2244 ☐

8. **Bemerkungen:**

Wertschriften- und
Guthabenverzeichnis 2007

Kanton Zürich   Reg.-Nr.   **100.00.101.000**   **Gemeinde** Zürich

Beilage zur
Steuererklärung 2007

Muster-Meister Felix
Muster-Meister Regula
Gartenstrasse
8099 Zürich

Wertschriften- und
Guthabenverzeichnis
mit Verrechnungs-
antrag

Eingang

Vertreter/in, bevollmächtigt zur Entgegennahme von Auflagen und Entscheiden
sowie für die direkte Bundessteuer auch von Veranlagungsverfügungen (definitiven Rechnungen):

Name / Firma
Vorname
Strasse   Nr.
PLZ   Ort
Telefon

Personalien am 31. Dezember 2007

Bei Heirat, Trennung oder Scheidung im Jahr 2007 hat jede(r) Steuerpflichtige ein separates Wertschriften- und Guthabenverzeichnis 2007 einzureichen.	**Ehemann / Einzelperson**	**Ehefrau**

Ehemann / Einzelperson

Wo wohnten Sie am 31. Dezember 2007 ?

Gemeinde: **Zürich**
Kanton: **ZH**

Hatten Sie Ihren Wohnsitz im Jahr 2007
im Ausland?
☐ ja   Wo:
          Von: bis:
☒ nein

Wenn Sie im Jahr 2007 geheiratet haben.
Wo haben Sie den letzten Verrechnungsantrag
eingereicht?
Gemeinde: **Zürich**

Ehefrau

Wo wohnten Sie am 31. Dezember 2007 ?

Gemeinde: **Zürich**
Kanton: **ZH**

Hatten Sie Ihren Wohnsitz im Jahr 2007
im Ausland?
☐ ja   Wo:
          Von: bis:
☒ nein

Wenn Sie im Jahr 2007 geheiratet haben.
Wo haben Sie den letzten Verrechnungsantrag
eingereicht?
Gemeinde: **Zürich**

Bei Heirat, Trennung oder Scheidung im Jahr 2007 hat jede(r) Steuerpflichtige ein separates Wertschriften- und Guthabenverzeichnis 2007 einzureichen.

Bei Tod eines Ehegatten im Jahr 2007 ist vom überlebenden Ehegatten für die Zeit vom 1. Januar bis zum Todestag ein gemeinsames und für die Zeit vom Todestag bis 31. Dezember ein separates Wertschriften- und Guthabenverzeichnis 2007 einzureichen.

Bitte leer lassen					
	2007		2007		am 31.12 2007
Vorläufige Verrechnung mit prov. Bezug 2007		**Bruttoertrag**		**Steuerwert**	
Entscheid Steuerkom.					
Verrechnungs- anspruch					
Code					
Datum:					
Steuerkom.:					

Werte *mit* Verrechnungssteuerabzug,

deren Erträge um 35% eidg. Verrechnungssteuer gekürzt wurden,
geordnet nach folgenden Gruppen *(Reihenfolge analog Vorperiode)*:
1. Spar-, Einlage-, Anlage- und Depositenhefte resp. -konti, Salär- und Festgeldkonti, Kontokorrente, Postkonti
2. Inländische Aktien und Obligationen, Wertschriften aller Art mit Verrechnungssteuerabzug
3. Gewinne aus inländischen Lotterien, Zahlenlotto und Sport-Toto

Nennwert Stückzahl	Konto-Nr. oder Valoren-Nr.	Genaue Bezeichnung der Vermögenswerte — Geschäftsvermögen mit G, Nutzmessungsvermögen mit N, Wertschriften aus Erbschaften mit E bezeichnen.	Eröffnung Ausgabe Konversion Kauf — Datum	Verfall Verkauf — Datum	Steuerwert am 31.12.2007 — in % oder pro Stk.	Steuerwert am 31.12.2007 — Total CHF	Bruttoertrag 2007 CHF und Rappen
	111222	Sparkonto Bank xy				15'272	180.–
	80-1111-2	Postcheckkonto				3'000	20.–
	888777	Kassenobli. Bank xy				50'000	1'500.–
5'000	333444	2% Obli. MMM 98-08			105	10'500	200.–
10	666666	Aktien xxx		15.2		0	1000.–
25	999999	Aktien yyy	1. 3.		4000	100'000	2600.–
50	444444	Aktien zzz			566	28'300	240.–

...u übertragen auf Seite B, Ziffer 4) | 538 | 539 | **207'072** | **5'740.–** ►

davon 35%

| CHF | Rappen |
...buch: (A) | 540 | |

Werte *ohne* Verrechnungssteuerabzug,

deren Erträge nicht um 35% eidg. Verrechnungssteuer gekürzt wurden,
geordnet nach folgenden Gruppen *(Reihenfolge analog Vorperiode)*:
1. Sparhefte usw., deren Bruttozins CHF 50.– nicht übersteigt, Vergütungszins auf Steuerrückerstattungen
2. Inländische Darlehen, Hypothekarforderungen und andere Guthaben ohne Verrechnungssteuerabzug
3. Bargewinne bis CHF 50.– aus inländischen Lotterien, Zahlenlotto, Sport-Toto, alle Bargewinne aus ausländischen Lotterien sowie alle Naturaltreffer
4. Ausländische Wertschriften und Guthaben aller Art

Origin.-Währ.	Nennwert Stückzahl	Konto-Nr. oder Valoren-Nr.	Genaue Bezeichnung der Vermögenswerte — Geschäftsvermögen mit G, Nutzmessungsvermögen mit N, Wertschriften aus Erbschaften mit E bezeichnen.	Eröffnung Ausgabe Konversion Kauf — Datum	Verfall Verkauf — Datum	Steuerwert am 31.12.2007 — in % oder pro Stk.	Steuerwert am 31.12.2007 — Total CHF	Bruttoertrag 2007 CHF ohne Rappen
		111333	Sparkonto Bank xy				1'000	20.–
		333111	Sparkonto Bank xy				2'000	40.–
sFr.	10'000	5% Obli. RRR 95-07				102	10'200	500.–

1. Übertrag der Zahlen aus allfälligen Beiblättern

2. Übertrag ab Formular DA-1

3. **Total B** Steuerwert / Bruttoertrag | 541 | 542 |

► *Total beider Kolonnen von Seite A übertragen* | 4. **Total A** Werte mit Verrechnungssteuer (von Seite A zu übertragen) | 538 | 539 |

5. **Total A + Total B** | 400 | 150 | **13'200** | **560.–** |

Zu übertragen: Steuererklärung **Seite 4** *Ziffer 30.1* | *Zu übertragen: Steuererklärung* **Seite 2** *Ziffer 4*

8 Erbschafts- und Schenkungssteuer
Auch der Fiskus erbt einen Teil

Viele Erben freuen sich zu früh. Denn auch der Fiskus langt bei der Erbschaft zu. Doch wer zu Lebzeiten richtig plant, kann die Steuern für seine Nachkommen drücken.

Wohl keine andere Steuer ist so umstritten wie die Erbschafts- bzw. Schenkungssteuer (was weitgehend dasselbe ist). Die einen finden sie die gerechteste Steuer überhaupt, weil die Erben oder Beschenkten ja keinen Finger für den anfallenden Segen rühren mussten. Die andern kritisieren sie als klassische Doppelbesteuerung, weil der Verstorbene oder Schenker das Erbe schon einmal als Einkommen (und als Vermögen) versteuert hat. Sie fordern darum deren Abschaffung.

Tatsache ist, dass mit Ausnahme von SZ vorläufig noch alle Kantone Erbschafts- und Schenkungssteuern erheben. LU verzichtet neben SZ als einziger Kanton auf Schenkungssteuern, sofern die Schenkung mindestens fünf Jahre vor dem Erbgang erfolgte (nicht aber auf Erbschaftssteuern).

Tatsache ist aber auch, dass immer mehr Kantone dem Druck nachgeben und im Kampf um die guten Steuerzahler die Erbschaftssteuer zumindest für Ehegatten und direkte Nachkommen in jüngster Zeit abgeschafft haben. Nur AI, JU, NE und VD widerstehen vorläufig noch. Weitere Kantone haben den Steuertarif auf Erbschaften und Schenkungen massiv gesenkt (z. B. VD).

Aber auch in den verbleibenden Kantonen sind die Steuertarife für Kinder recht bescheiden. NW, OW und ZG haben die Erbschaftssteuern zudem für Konkubinatspartner aufgehoben (siehe Tabellen Seite 116 ff.).

Eingetragene Partnerschaften zwischen gleichgeschlechtlichen Paaren sind erbrechtlich der Ehe gleichgestellt.

Partner ohne Trauschein: Beim Erben benachteiligt

Die meisten Kantone bitten dagegen weit entfernte Verwandte oder gar Dritte jedoch kräftig zur Kasse (siehe Tabelle Seite 118), was vor allem für Konkubinatspaare ein Problem ist.

GE bereichert sich an einem Erbe von einer halben Million Franken mit 268 300 Franken. Und auch BL verlangt von Lebenspartnern ohne Trauschein 202 900 Franken (auf Antrag erlässt BL Konkubinatspaaren, die länger als fünf Jahre zusammensind, einen Drittel der Erbschaftssteuer). In SZ dagegen ist es auch für Nichtverheiratete steuerfrei. In GR liegt die Nachlasssteuer bei lediglich 4 Prozent.

Ebenfalls abhängig vom Verwandtschaftsgrad ist in den meisten Kantonen der steuerfreie Betrag am Erbe (Tabelle Seite 117). AI, AR, BL, BS, FR, GL, GR (nur Gemeinden), JU, LU, NE, NW, OW, SG, SH, SO, TG, TI und VS gewähren zudem Steuerbefreiung auf den Hausrat (in der Regel nur, wenn die Erben im gleichen Haushalt lebten).

Nur die Kantone erheben Erbschafts- und Schenkungssteuern. Der Bund hat keinen Anspruch darauf. Dagegen sind in FR, GR, LU und VD auch die Gemeinden berechtigt, separate Erbschaftssteuern zu erheben. In den übrigen Kantonen sind die Gemeinden am Ertrag beteiligt.

Liegenschaft geerbt: Standort ist entscheidend

Die Erbschaftssteuer ist immer am letzten Wohnort des Erblassers oder Schenkers fällig. Mit einer Ausnahme: Liegenschaften werden am Ort besteuert, wo sie sich befinden. Zwischen den betroffenen Kantonen erfolgt dann eine Ausscheidung aufgrund des jeweiligen Anteils.

Diese Regelung gilt übrigens auch im internationalen Verkehr, soweit entsprechende Doppelbesteuerungsabkommen bestehen.

In den meisten Kantonen ist die Erbschaftssteuer eine sogenannte Erbanfallsteuer. Das heisst, jeder einzelne Erbe wird separat besteuert. Darüber hinaus erheben die Kantone NE und SO auch noch eine Nachlasssteuer, also eine Steuer auf das gesamte, ungeteilte Erbe. GR kennt nur diese Nachlasssteuer. In GR entfällt demzufolge auch eine Abstufung der Erbschaftssteuer nach Verwandtschaftsgrad.

Mit Ausnahme der Kantone GE, GR, SO und VS, die einen eigenen Schenkungssteuertarif anwenden, sind die Erbanfall- (bzw. Nachlass-) und die Schenkungssteuer in allen Kantonen identisch.

Erbvorbezug kann sich manchmal lohnen

In den meisten Kantonen kann man die Progression mit Erbvorbezügen, also gestaffelten Schenkungen, nicht brechen. Die Steuerbehörden zählen sie in der Regel zusammen und rechnen sie auf. In einigen Kantonen beschränkt sich diese Aufrechnung allerdings auf die letzten fünf (z. B. BE) bzw. zehn Jahre (z. B. BL) vor dem Tod des Erblassers.

TIPP

Zinsloses Darlehen statt Geschenk

Statt eine Liegenschaft zu verschenken, empfiehlt es sich unter Umständen, sie seinen Erben zu verkaufen, den Kaufpreis aber als zinsloses Darlehen stehen zu lassen. Je nach Kanton ist eine Grundstück- und Handänderungssteuer fällig (z. B. GR, SG). Vorerst umgeht man damit aber die Schenkungssteuer. Erst beim Tod fällt das Darlehen in die Erbmasse. Zudem profitieren die Erben von einem steuerfreien Geschenk, weil sie dem Erblasser für das Darlehen keinen Zins zahlen müssen.

In BE ist es günstiger, ein Erbe von 200 000 Franken aufzuteilen und zum Beispiel 100 000 Franken bereits zu Lebzeiten zu verschenken. Im Todesfall wären dann nochmals 100 000 Franken fällig, was steuermässig allerdings billiger ist als ein einmaliger Betrag von 200 000 Franken.

Da der Verwandtschaftsgrad in allen Kantonen (ausser GR) eine Rolle spielt, muss man diesen Aspekt unter Umständen auch bei einer Schenkung beachten.

Beispiel: Die Eltern möchten ihrer Tochter und deren Mann das Einfamilienhaus schenken, das die beiden schon seit längerer Zeit bewohnen. Da Kinder in den meisten Kantonen steuerbefreit oder mit relativ bescheidenen Erbschafts- und Schenkungssteuern belegt sind, lohnt es sich, erst der Tochter die ganze Liegenschaft zu übertragen. Die Tochter wiederum

kann ihrem Ehemann eine Hälfte des Hauses schenken – steuerfrei. Gegenüber einer direkten Schenkung an den Schwiegersohn kann man so in jedem Kanton Zehn- oder Hunderttausende von Franken an Steuern sparen.

Liegenschaft mit Nutzniessung verschenken: Lukrative Sparmöglichkeit

Unter steuerlichen Aspekten kann es sehr sinnvoll sein, zum Beispiel eine Liegenschaft schon zu Lebzeiten an seine Nachkommen weiterzugeben und sich dafür ein lebenslanges Nutzungs- bzw. Gratiswohnrecht einräumen zu lassen (siehe auch Kasten Seite 112). Dieses Nutzungsrecht stellt einen Wert dar, den man vom Erbe bzw. von der Schenkung in Abzug bringen darf. Dafür muss der Berechtigte im Rahmen des Nutzungswerts des Wohnrechts (Mietwert der Wohnung) Einkommen versteuern.

Das Nutzungsrecht kann bei einem Einfamilienhaus zum Beispiel 2000 Franken monatlich betragen. Bei einer durchschnittlichen Lebenserwartung von vielleicht noch 20 Jahren (massgebend sind die sogenannten Barwerttafeln von Stauffer/Schaetzle, die im Buchhandel erhältlich sind) repräsentiert dieses Nutzungsrecht einen Wert von rund einer halben Million Franken.

Bei einem angenommenen Verkehrswert von 700 000 Franken und einem Steuerfreibetrag von 50 000 Franken muss man dem-

---

Wert einer Liegenschaft: Meinung eines Experten einholen

Jeder Kanton bemisst den Wert einer Liegenschaft im Erbschaftsfall wieder anders. Der amtliche Wert findet dabei nur in BE Berücksichtigung. Die meisten Kantone nehmen eine Mischrechnung aus Verkehrs- und Ertragswert der Liegenschaft vor. Da der Ermessensspielraum sehr gross ist, lohnt sich eine kritische Prüfung des Steuerbescheids und allenfalls der Beizug eines Experten.

Grundstückgewinnsteuern werden beim Erbgang in der Regel nicht erhoben. Bei einem Verkauf der Liegenschaft fallen sie aber doch noch an. Für die Erben heisst dies, dass der «steuertechnische» Wert tiefer liegt als der Verkehrswert, der bei der Erbteilung gilt. Dass dies die Erben bei der Erbteilung berücksichtigen, ist vom Gesetz nicht vorgeschrieben. Sie sollten das aber in Betracht ziehen.

nach nur noch 150 000 Franken für das Haus versteuern.

Ein solches Vorgehen akzeptieren problemlos die Kantone AG, AR, BE, BS, GR, JU, NE, OW, SG, SH, SO und ZH. In den übrigen Kantonen lohnt es sich aber ebenfalls zu insistieren. In einigen Kantonen (z. B. AI, UR und ZH) darf der Wert der Nutzniessung drei Viertel des Liegenschaftswerts aber nicht übersteigen.

Zu beachten ist allerdings, dass mit der Übertragung gegen Nutzniessung für den Erblasser die Verfügungsgewalt über die Liegenschaft entfällt. Er kann also keine Hypotheken mehr aufnehmen und die Liegenschaft auch nicht verkaufen. Hingegen könnten die begünstigten Erben neue Hypotheken aufnehmen und für eigene Zwecke brauchen. Der Erblasser würde für die Zinszahlungen erst noch haften. Dies muss man über einen Nutzniessungsvertrag verhindern. Damit der Nutzniessungsvertrag auch steuerliche Anerkennung findet, muss man ihn im Grundbuch als Eigentumsübertragung eintragen lassen.

Da die Behörden Liegenschaften steuerlich oft unter ihrem Marktwert einstufen, bietet sich eine weitere Möglichkeit zum Steuersparen beim Erbvorbezug: Eine Liegenschaft im Verkehrswert von 1,2 Millionen Franken hat steuerlich zum Beispiel einen Schätzwert von 700 000 Franken. Nun kann man bis zu diesem Wert Hypotheken aufnehmen, die vom Schenkungsbetrag wiederum abzugsfähig sind.

Fortsetzung Seite 113

Tipp

Beim Schenken an die Steuern denken

Oft beinhaltet eine Schenkung eine Gegenleistung des Beschenkten. Ist die Gegenleistung zu gross, anerkennen die Steuerbehörden die Schenkung nicht mehr als solche.

Wenn Sie zum Beispiel ein Haus verschenken, das zu 80 Prozent mit Hypotheken belastet ist, so gilt dies in den meisten Kantonen nicht mehr als Schenkung, weil der Unterschied mindestens 10 (SO) bis 25 Prozent (ZH) betragen muss. In diesem Fall würde die Schenkung als Übertragung der Liegenschaft gewertet und es würden Grundstückgewinn- und Handänderungssteuern fällig (siehe Seite 90 ff.). In einem solchen Fall empfiehlt es sich, die Hypothekarbelastung so weit zu senken, dass die Steuerbehörden sie als gemischte Schenkung akzeptieren.

Zu berücksichtigen ist auf jeden Fall, dass viele Kantone den Wertzuwachs zwischen Schenkung und Erbanfall (die sogenannte Ausgleichspflicht an die übrigen Erben) aufrechnen und dafür Steuern einfordern wollen. Dies lässt sich verhindern, indem man in einem Testament oder Ehevertrag festhält, dass die Ausgleichspflicht des Beschenkten entfällt. Dieses Vorgehen ist möglich, soweit man keine gesetzlichen Pflichtteile verletzt.

Nutzniessung und Wohnrecht

Nutzniessung

Zuwendung von Eigentum, wobei die Schenkung mit der Nutzniessung belastet ist. Das Nutzniessungsrecht bleibt beim Schenker. Die Nutzniessung wird im Grundbuch eingetragen.

■ **Erbrechtliche Konsequenzen:** Der Beschenkte muss Schenkungssteuer bezahlen. Doch wegen der Nutzniessung ist der Wert des Geschenks vermindert. Die Steuerrechnung fällt entsprechend tiefer aus. Schenkung bzw. Erbvorbezug werden an den Pflichtteil angerechnet. Die Unterhaltspflicht bleibt beim Nutzniesser, er hat jedoch keine Verfügungsgewalt mehr darüber (Verkauf oder Aufnahme von Hypotheken nicht mehr möglich).

■ **Steuerliche Konsequenzen:** Der Nutzniesser versteuert den Ertrag des Hauses oder sonstigen Guts als Einkommen und kann die Hypothekarzinsen und die Unterhaltskosten in Abzug bringen, sofern er sie selbst trägt. Als Vermögen versteuert er die Liegenschaft und kann die Hypotheken abziehen.

Wohnrecht

Analog zur Nutzniessung, aber nur bei Wohneigentum, das vom Wohnrechtsbesitzer selbst bewohnt wird. Das Wohnrecht wird im Grundbuch eingetragen.

■ **Erbrechtliche Konsequenzen:** Wie Nutzniessung, aber der Unterhalt ist Sache des Beschenkten (neuer Eigentümer).

■ **Steuerliche Konsequenzen:** Der Wohnrechtsberechtigte wird für die Einkommenssteuer analog der Nutzniessung besteuert. Der neue Eigentümer versteuert das Haus oder die Wohnung als Vermögen, meist unter Abzug des Wohnrechts.

Schenkung mit Nutzniessung an Nichtverwandte

Ausgangslage: Ein Mann, 60, verschenkt seinem langjährigen Freund und Nachbarn seine Liegenschaft in BE mit einem Verkehrswert von 1 Mio. Franken. Die Nutzniessung ist mit 532 000 Franken kapitalisiert (4 Prozent Nutzniessung von einer Million Franken mal Kapitalisierungsfaktor 13,3 gemäss den Mortalitätstafeln von Stauffer/Schaetzle).

Normale Schenkung an Nichtverwandte		Schenkung mit Nutzniessung an Nichtverwandte
Verkehrswert	1 000 000	1 000 000
Freibetrag	10 000	—
Nutzniessung	—	532 000
Steuerbarer Wert	990 000	468 000
Schenkungssteuer	**310 000**	**116 000**
Reduktion der Steuerbelastung		**– 62 %**

Quelle: VZ VermögensZentrum

Fortsetzung von Seite 111

Unter steuerlichen Gesichtspunkten ist also eine Schenkung zum Wert null erfolgt. Falls der einstmals bezahlte Einstandspreis tiefer lag, könnten jedoch Grundstückgewinnsteuern fällig werden (siehe Tabelle Seite 92).

Konkubinatspaare: Mit etwas Planung lässt sich sparen

Das Erbrecht geht fast überall von sehr traditionellen Wertvorstellungen aus. Darunter haben vor allem Konkubinatspaare zu leiden, die sich gegenseitig als ihre Erben einsetzen möchten. Aber auch ihnen stehen verschiedene Möglichkeiten offen, die Steuern auf ein vernünftiges Mass zu drücken. Das braucht jedoch etwas Planung:

■ In NW, OW, SZ und ZG sind auch nicht verheiratete bzw. nicht eingetragene Partner von der Erbschaftssteuer befreit. In NW und ZG muss das Paar mindestens fünf Jahre zusammengelebt haben, um von der Steuerbefreiung zu profitieren. In OW genügt es auch, wenn gemeinsame (minderjährige) Kinder vorhanden sind. Ein Umzug kann sich also lohnen.

■ Land und Wohneigentum sind dort steuerpflichtig, wo sie sich befinden. Konkubinatspaare können demnach in den Kantonen NW, OW, SZ und ZG auch einfach ein Haus kaufen. Das können sie im Todesfall steuerfrei weitergeben, auch wenn sie selbst nicht dort gewohnt haben.

■ Viele Kantone kennen Steuerfreibeträge für Konkubinatspartner. Namhafte Vorsteuerabzüge gestatten ZH (50 000 Franken), SO (13 000) sowie AR, BE, BL, GL, NE, SG, SH und VD (je 10 000).

Das ist allerdings nur die halbe Wahrheit. Gerade wenn es um grössere Erbschaften geht, ist der Steuertarif viel wichtiger. So kennen AG und LU spezielle Konkubinatstarife, die günstiger sind als für andere Nichtverwandte. AR, BE, GL, NE und ZH kumulieren die Spezialtarife gar mit den Freibeträgen. Steuergünstig ist auch GR, weil hier nur eine Nachlasssteuer fällig ist, die für alle Erben gleich tief ist (4 Prozent). Steuerhöllen sind dagegen die Westschweiz und TI.

■ Die Schenkung mit Nutzniessung (siehe Kasten links) eignet sich vor allem auch für nicht verheiratete Paare. Damit können sie

Fortsetzung Seite 115

FRAGE

Wer zahlt die Bestattungskosten?

Die Beerdigung unseres Vaters hat mehrere tausend Franken gekostet. Müssen wir Kinder die Kosten tragen oder gehen sie vom Erbe ab?

Die Kosten für eine übliche Beerdigung (z.B. Todesanzeigen, Honorierung des Geistlichen) sowie für die Inventaraufnahme, Testamentseröffnung und die Erbschaftsverwaltung gehen vorgängig vom Erbe ab. Die Erben müssen sie also nicht versteuern. In vielen Kantonen gibt es dabei aber Einschränkungen bzw. Maximalgrenzen.

Lebensversicherung: Trauernde Witwe – lachende Geliebte

Eine Todesfallrisiko-Versicherung galt früher als günstigste Möglichkeit, um seine Familie abzusichern. Doch neuerdings will der Fiskus an der Versicherungsleistung kräftig mitverdienen. Lachende Dritte sind Konkubinatspartner und Allfinanzberater.

Seit Jahresbeginn 2001 besteuern alle Kantone nicht rückkaufsfähige Lebensversicherungen (also reine Risikoversicherungen) analog zur Auszahlung von Kapitalleistungen der 2. Säule und der Säule 3a. Leidtragende sind Ehegatten und direkte Nachkommen, die in den meisten Kantonen früher nur sehr geringe oder gar keine Erbschaftssteuern bezahlen mussten.

Dafür dürfen sich hinterbliebene Konkubinatspartner freuen, die bisher bis zur Hälfte der Versicherungsleistung an die Steuerbehörden abliefern mussten. Sie profitieren vom gleichen, aus ihrer Warte sehr günstigen Steuertarif, der auch für Ehegatten und Kinder zur Anwendung kommt.

Freuen dürfen sich auch Versicherungsvertreter, denen die Steuerämter ein zusätzliches Verkaufsargument in die Hände gegeben haben: Gemischte Lebensversicherungen, also Versicherungen, die nicht nur den Todesfall abdecken, sondern auch über einen Sparanteil verfügen, der im Erlebensfall zur Auszahlung kommt, bleiben für Ehegatten und Kinder weiterhin steuerbefreit.

Immerhin: Die Besteuerung des Todesfallkapitals lässt sich zumindest für Ehepartner und Kinder in den meisten Kantonen völlig legal umgehen und in den übrigen stark reduzieren. Wird nämlich kein Begünstigter in der Todesfallpolice eingetragen, fällt die Versicherungssumme beim Tod des Versicherten direkt in die Erbmasse. Da Ehegatte und direkte Nachkommen in den meisten Kantonen von der Erbschaftssteuer befreit sind und in den übrigen von hohen Freibeträgen profitieren, fällen bei diesem Vorgehen keine oder nur eine sehr geringe Steuer an.

So viel schöpft der Fiskus im Todesfall ab

Besteuerung der Kapitalleistung aus reiner Risikoversicherung
Beispiel: Kinderloses, reformiertes Ehepaar in der Stadt Zürich (alle Beträge in Franken)

Begünstigter	Ehepartner				Konkubinatspartner			
Kapital	100 000		500 000		100 000		500 000	
	bisher	neu	bisher	neu	bisher	neu	bisher	neu
Direkte Bundessteuer	569	569	10 853	10 853	801	801	11 150	11 150
Kantons- und Gemeindesteuer	—	4 368	—	34 115	—	4 368	—	48 619
Erbschaftssteuer	—	—	—	—	7 200	—	122 400	—
Total Steuerbelastung	569	4 937	10 853	44 950	8 001	4 937	133 550	59 769
Zur freien Verfügung	99 431	95 063	489 147	465 885	91 999	95 063	366 500	451 381
Mehrbelastung		4 368		23 262				
Minderbelastung						– 3 064		– 84 881

Fortsetzung von Seite 113

leicht Steuereinsparungen von 50 und mehr Prozent erzielen.

■ Abschluss einer Todesfallrisiko-Versicherung (ohne Rückkaufswert) mit Begünstigung des Partners. Die Begünstigung auf die Lebensversicherung kann man jederzeit widerrufen. Vorsicht ist geboten bei gemischten Lebensversicherungen mit Rückkaufswert: Die Renten- und Kapitalauszahlungen werden meist stärker besteuert, als dies bei nahen Verwandten der Fall wäre (vgl. Ausführungen im Kasten links).

■ Viele Kantone kennen mittlerweile einen reduzierten Steuersatz für Zuwendungen an einen langjährigen Lebenspartner und Pflegekinder.

■ Bei der Säule 3a ist eine Begünstigung des Konkubinatspartners nur bedingt möglich. In diesen Fällen kommt zuerst der Ehepartner (und bei dessen Tod die Kinder) in den Genuss der Zahlungen. Wo aber weder Ehepartner noch Kinder vorhanden sind, darf man den Konkubinatspartner als Begünstigten einsetzen. Und auch viele Pensionskassen kennen neuerdings Hinterbliebenenrenten für Konkubinatspartner und deren Kinder. Voraussetzung ist aber in den allermeisten Fällen, dass diese auf Unterstützung angewiesen sind. Auch Konkubinatspaare müssen jedoch darauf achten, dass sie die gesetzlich geschützten Minimalpflichtteile nicht verletzen. (Details dazu lesen Sie im *saldo*-Ratgeber «Erben und Vererben»).

FRAGE

Gelten Konkubinatspartner als Aussenstehende?

Seit bald 15 Jahren lebe ich mit meiner Partnerin in Thun BE. Zur Absicherung des Alters möchte ich ihr die Hälfte meines Hauses schenken. Doch die hohen steuerlichen Konsequenzen schrecken mich ab. Gelten Konkubinatspartner steuerrechtlich tatsächlich immer noch als gewöhnliche Dritte?

Nein. Das Verwaltungsgericht BE hat bereits 1993 festgehalten, dass Konkubinatspartner wenigstens gleich wie Hausangestellte behandelt werden müssen. Voraussetzung ist allerdings, dass beide Partner mindestens zehn Jahre im gleichen Haushalt zusammengelebt haben. In diesem Fall beträgt die Erbschaftssteuer nur noch 5 Prozent (statt über 20 wie unter Nichtverwandten).

Ähnliche Regelungen kennen auch einige weitere Kantone. Auf Antrag haben Konkubinatspartner in BL eine Reduktion der Erbschaftssteuer um einen Drittel zugut, wenn sie länger als fünf Jahre zusammensind. In ZH gilt nach der gleichen Frist ein Freibetrag von 50 000 Franken.

Sieht das kantonale Erbschaftssteuergesetz keine spezielle Regelung für Konkubinatspaare vor (z. B. VD), verstösst diese Steuer nicht gegen das verfassungsmässige Gleichheitsgebot, hat das Bundesgericht im September 1977 entschieden.

Steuerbefreiung: Vorteile für Ehepartner und Kinder

Kanton	Ehepartner	Nachkommen (Kinder)	Eltern	Konkubinats-partner
AG	ja	ja	nein	nein
AI	ja	nein	nein	nein
AR	ja	ja	ja	nein
BE	ja	ja	nein	nein
BL	ja	ja	nein	nein
BS	ja	ja	nein	nein
FR	ja	ja	ja	nein
GE	ja	ja	ja	nein
GL	ja	ja	nein	nein
GR [1]	ja	ja	nein	nein
JU	ja	ja	nein	nein
LU [2]	ja	nein [3]	nein	nein
NE	ja [4]	nein	nein	nein
NW	ja	ja	nein	ja [5]
OW	ja	ja	ja	ja [6]
SG	ja	ja	nein	nein
SH	ja	ja	nein	nein
SO	ja [7]	ja [7]	nein	nein
SZ [8]	ja	ja	ja	ja
TG	ja	ja	nein	nein
TI	ja	ja	ja	nein
UR	ja	ja	ja	nein
VD	ja	nein	nein	nein
VS	ja	ja	ja	nein
ZG	ja	ja	ja	ja
ZH	ja	ja	nein	nein

Lesebeispiel: Im Kanton ZH sind Ehegatten und direkte Nachkommen von der Erbschaftssteuer befreit. Eltern und Konkubinatspartner dagegen nicht.

1 Nur Nachlasssteuer (keine Erbanfallsteuer); Gemeinden können Erbanfall- oder Nachlasssteuern erheben
2 Kennt keine Schenkungssteuer
3 Im Kanton steuerbefreit; Gemeinden können fakultativ Steuern erheben (max. 2 Prozent)
4 Steuerbefreit für Erbschafts- und Schenkungssteuer, nicht aber für die Nachlasssteuer; die Nachlasssteuer wird kumulativ zur Erbanfallsteuer erhoben
5 Zuwendungen an Personen, die am gleichen Wohnsitz im Zeitpunkt der Zuwendung/des Todestages während mindestens 5 Jahren in dauernder Wohngemeinschaft gelebt haben
6 Zuwendungen an Personen, die im Zeitpunkt der Schenkung/des Todestages zusammen mit gemeinsamen minderjährigen Kindern oder seit mindestens 5 Jahren in einem gemeinsamen Haushalt mit dem Erblasser oder Schenker gelebt haben
7 Personen, die im Zeitpunkt der Schenkung/des Todestages zusammen mit gemeinsamen minderjährigen Kindern oder seit mindestens 5 Jahren in einem gemeinsamen Haushalt mit den Erblassern oder Schenkern gelebt haben
8 Als einziger Kanton kennt SZ keine Erbschafts- und Schenkungssteuer

Quelle: VZ VermögensZentrum, Stand 31. Dezember 2007

Steuerfreibeträge mildern die Steuerlast

Kanton	Ehegatte	Kinder, (Ur-)Enkel	Eltern	Geschwister	Konkubinats-partner
AG	steuerfrei	steuerfrei	0	0	0
AI	steuerfrei	50000	20000	5000	5000
AR	steuerfrei	steuerfrei	steuerfrei	5000 [1]	10000
BE	steuerfrei	steuerfrei	10000	10000	10000
BL	steuerfrei	steuerfrei	10000	10000	10000
BS	steuerfrei	steuerfrei	2000 [2]	2000 [2]	2000
FR	steuerfrei	steuerfrei	steuerfrei	5000	5000
GE [3]	steuerfrei	steuerfrei	steuerfrei	500 [4]	500 [4]
GL	steuerfrei	steuerfrei	50000	10000	10000
GR [5]	steuerfrei	10000 [6]	10000 [7]	5000 [7]	5000 [7]
JU [3]	steuerfrei	steuerfrei	500	500	500
LU	steuerfrei	steuerfrei [8]	0	0	2000 [9]
NE	steuerfrei	50000 [10]	50000 [11]	10000 [11]	10000 [11]
NW	steuerfrei	steuerfrei	0	0	steuerfrei [9]
OW	steuerfrei	steuerfrei	steuerfrei	steuerfrei	steuerfrei [12]
SG [3]	steuerfrei	steuerfrei	25000	10000	10000
SH	steuerfrei	steuerfrei	30000	10000	10000
SO	steuerfrei [13]	steuerfrei [13]	13100 [14]	13100 [14]	13100 [14]
SZ	steuerfrei	steuerfrei	steuerfrei	steuerfrei	steuerfrei
TG	steuerfrei	steuerfrei	20000	0	0
TI	steuerfrei	steuerfrei	steuerfrei	0	0
UR	steuerfrei	steuerfrei	steuerfrei	0	0
VD	steuerfrei	250000 [15]	10000 [11]	10000 [11]	10000
VS	steuerfrei	steuerfrei	steuerfrei	0	0
ZG	steuerfrei	steuerfrei	steuerfrei	0	steuerfrei
ZH	steuerfrei	steuerfrei	200000	15000	50000 [4]

Lesebeispiel: Im Kanton AG sind Ehegatten und direkte Nachkommen von der Erbschaftssteuer befreit. Eltern, Geschwister und Konkubinatspartner kommen dagegen nicht einmal in den Genuss eines Steuerfreibetrags. (Alle Beträge in Franken)

1 Abzug für Schenkungssteuer 2000
2 Abzug für Schenkungssteuer 10000
3 Bei den angegebenen Beträgen handelt es sich um steuerfreie Minimalbeträge
4 Steuerfreies Minimum für Schenkungssteuer 5000
5 Nachlasssteuer; Gemeinden können zusätzlich Erbanfall- oder Nachlasssteuern erheben
6 Steuerfreies Minimum für Nachlasssteuer und Abzug für Schenkungssteuer
7 Gilt nur für Schenkungssteuer; keine Freibeträge für Nachlasssteuer
8 Nur für Erbanfallsteuer; Gemeinden können Nachkommen-Erbschaftssteuer erheben; Freibetrag 100000
9 Personen, die am gleichen Wohnsitz während mind. 5 Jahren in Wohngemeinschaft gelebt haben
10 Abzug nur für Erbanfallsteuer; steuerfreies Minimum für Schenkungen 10000
11 Steuerfreies Minimum
12 Personen mit gemeinsamen minderjährigen Kindern oder die am gleichen Wohnsitz während mindestens 5 Jahren in Wohngemeinschaft gelebt haben
13 Kantonale Nachlasssteuer; Gemeinden können Steuern erheben (max. 2 Prozent)
14 Freibeträge gelten nur für die Schenkungssteuer
15 Freibetrag für Erbanfallsteuer: Steuerfreies Minimum für Schenkungssteuer 50000

VZ VermögensZentrum, Stand 31. Dezember 2007

Erbschafts- bzw. Schenkungssteuern:
Konkubinatspartner sind oft benachteiligt

Erbe bzw. Schenkung von 500 000 Franken (nach Berücksichtigung der Freibeträge)					
Ehepartner	Direkte Nachkommen	Konkubinats-partner[1]	Eltern	Geschwister	Nicht-verwandte
AG —	—	32 900	32 900	73 800	109 200
AI —	4 000	99 000	19 200	29 700	99 000
AR —	—	58 800	—	108 900	158 400
BE —	—[2]	43 800	43 800	43 800	116 800
BL —	—	202 900	50 700	76 100	202 900
BS —	—	52 300	34 900	52 300	156 900
FR —	—	75 000	—	42 500	212 500
GE[3] —	—	268 300	—	107 900	268 300
GL —	—	39 200	22 500	39 200	98 000
GR[4] —	19 200[5]	18 800[6]	18 800[5]	18 800[6]	18 800[6]
JU —	—	100 000	35 000	70 000	175 000
LU[8] —	—	56 800	57 000	57 000	190 000
NE —	13 500	100 000	15 000	75 000	225 000
NW —	—	—	14 400	24 000	72 000
OW —	—	—	—	—	100 000
SG —	—	147 000	47 500	98 000	147 000
SH —	—	176 500	33 500	70 600	176 500
SO —[9]	—[9]	150 000[10]	25 000[11]	50 000[12]	150 000[13]
SZ —	—	—	—	—	—
TG —	—	140 000	32 600	70 000	140 000
TI —	—	179 800	—	59 900	179 800
UR —	—	150 000	—	50 000	150 000
VD[14] —	14 300	125 000	31 400	62 500	125 000
VS —	—	125 000	—	50 000	125 000
ZG —	—	—	—	28 360	70 900
ZH —	—	122 400	12 000	67 500	140 400

Lesebeispiel: Ein hinterbliebener Konkubinatspartner zahlt im Kanton BE für ein Erbe von einer halben Million 43 800 Franken Erbschaftssteuer. Im Kanton SH wären es rund viermal so viel.

1 In einigen Kantonen bezahlen Konkubinatspartner niedrigere Steuern als andere Nichtverwandte, wenn sie mindestens 5 bis 10 Jahre mit dem Erblasser im gleichen Haushalt gelebt haben
2 Seit 1.1.2006 steuerfrei
3 Nur Erbschaftsteuer (die Schenkungssteuer weicht davon zum Teil etwas ab)
4 Nur kantonale Nachlasssteuer, zusätzliche Besteuerung durch die Gemeinde. Schenkungssteuer 5% des steuerbaren Betrags
5 Schenkungssteuer: 24 300 Franken   6 Schenkungssteuer: 24 650 Franken
7 Für Ehepartner ohne gemeinsame Nachkommen gilt ein höherer Tarif
8 Der Kanton besteuert gemeinsame Nachkommen nicht, die meisten Gemeinden erheben aber eine Erbschaftssteuer von max. 2%. Schenkungen bis 5 Jahre vor dem Tod des Schenkenden sind steuerfrei
9 Zusätzliche Nachlasssteuer auf Erbschaften (hier: 4000 Franken)
10 Schenkungssteuer: 146 100 Franken   11 Schenkungssteuer: 24 350 Franken
12 Schenkungssteuer: 48 700 Franken   13 Schenkungssteuer: 146 100 Franken
14 Zuzüglich Gemeindesteuer, Lausanne plus 100%

Quelle: VZ VermögensZentrum, Stand 31. Dezember 2007

Rechtsweg und Steuervergehen
Schummeln lohnt sich nicht

Niemand zahlt gerne Steuern. Und die Versuchung kann gross sein, bei der Steuererklärung ein bisschen zu mogeln. Aber aufgepasst! Fliegt die Sache auf, kennt der Fiskus kein Pardon.

Steuerbeamte sind auch nur Menschen. Und es lohnt sich ganz besonders, sie auch als solche zu behandeln, nämlich höflich, anständig und korrekt. Da sie meist überlastet sind, empfiehlt es sich, sämtliche nötigen Unterlagen geordnet einzureichen. Also nicht nur die Steuererklärung mit allen Beiblättern, sondern auch die Lohnausweise, zusätzliche schriftliche Erläuterungen, erforderliche Bankbelege etc. Das erleichtert die Arbeit und schafft Goodwill.

Bei den Abzügen mit Ermessensspielraum (z. B. Berufsausla-gen) sollte man nicht übertreiben, sonst fühlt sich der Steuerbeamte provoziert und nimmt die ganze Steuererklärung speziell genau unter die Lupe.

Immerhin sind sich die meisten Steuerbeamten bewusst, dass sie nicht nur dem Staat, sondern auch dessen Bürgern zu dienen haben. Im positiven Fall nimmt der Steuerbeamte also auch einmal einen Abzug vor, der offensichtlich vergessen gegangen ist. Bei Unsicherheiten darf man ihn auch zu Rate ziehen.

Wegen Militär, Ferienabwesenheit, Krankheit oder geschäftlicher Überlastung kann es passieren, dass man seine Steuererklärung nicht rechtzeitig (in der Regel bis Mitte März) einreichen kann. In diesem Fall muss man den Steuerbehörden möglichst früh – jedenfalls noch vor Ablauf des Termins – ein begründetes Gesuch um Frist-

Steuerberater für komplizierte Fälle

Eine einfache Steuererklärung mit Lohnausweis sollten Sie eigentlich problemlos alleine ausfüllen können. Und auch etwas anspruchsvollere Steuererklärungen lassen sich mit Hilfe dieses K-Tipp-Ratgebers sicherlich bewältigen.

In komplizierteren Fällen lohnt es sich aber – zumindest das erste Mal –, einen Steuerberater beizuziehen. Dies gilt insbesondere auch für Selbständigerwerbende und Unternehmen oder dort, wo beispielsweise in verschiedenen Kantonen Liegenschaften vorhanden sind.

Das Ausfüllen einer einfachen Steuererklärung durch den Fachmann sollte in der Regel nicht mehr als 200 bis 300 Franken kosten. Sobald sich die Sache aber kompli-ziert, kann es durchaus auch teurer werden. Es ist deshalb unbedingt empfehlenswert, vorgängig einen Kostenvoranschlag und allenfalls Konkurrenzofferten einzuholen.

Eine Anfrage beim Steuerberater lohnt sich fast immer, bevor man ein offizielles Rekursverfahren anstrengt. Denn der Weg zum Gericht kann rasch einmal höhere Kosten verursachen. Kriterien für die richtige Wahl des Steuerberaters oder Treuhänders sind: Fachkompetenz, Neutralität, Engagement, Referenzen, Kostenvoranschlag.

Übrigens: Wenn ein Steuerfachmann falsche Auskünfte erteilt, die mit genügender Sorgfalt hätten vermieden werden können, so muss er für den Schaden aufkommen, hat das Bundesgericht im Oktober 2001 befunden.

verlängerung zusenden. Eine Frist-
verlängerung wird in der Regel an-
standslos bewilligt, neuerdings jedoch in einigen Kantonen nur noch
gegen eine Gebühr.

Wer seine Steuererklärung ohne Rücksprache mit dem Steueramt zu spät einreicht, wird amtlich
eingeschätzt – dies meistens zum
Nachteil des Steuerzahlers (siehe
auch Kasten Seite 98).

Einsprache: Erst bei definitiver Einschätzung

Ist der Steuerbeamte mit Teilen
der Steuererklärung nicht einverstanden, so nimmt er punktuelle
Veränderungen vor. Diese Abände-
rungen (z. B. Streichung von getä-
tigten Abzügen) müssen deutlich
markiert und sollten auch begründet sein.

Ist man mit solchen Änderungen nach eingehender Prüfung
nicht einverstanden, so kann man
innert 30 Tagen nach Erhalt des
Einschätzungsentscheids (in einigen Kantonen auch Veranlagungsverfügung genannt) Einsprache erheben. Betreffend Bundessteuer
muss man damit zuwarten, bis die
Rechnung kommt (gegen den sogenannten Hinweis ist eine Einsprache noch nicht möglich).

Einsprachen sollten unbedingt
per Einschreiben erfolgen. Nach
dieser Frist ist die Einsprache-
möglichkeit nämlich verwirkt.

Nur wenn neue und auch erheb-
liche Tatsachen zum Vorschein
kommen, die während der Einsprachefrist nicht bekannt waren,
ist eine Berichtigung oder eine
Wiederaufnahme des Verfahrens
(Revision) nach der Einsprachefrist noch möglich.

Die Steuerbehörden sind in dieser Beziehung aber sehr restriktiv.
Dass die Steuerbehörden einen
Fehler gemacht haben, genügt
als Begründung nicht. Hätte der
Steuerpflichtige nämlich die Verfügung sorgfältig geprüft – und dies
ist ihm zuzumuten –, so hätte er
dies in aller Regel schon während
der Einsprachefrist merken können. Vorsicht: Wiederaufnahme-
gesuche sind kostenpflichtig.

Anliegen schriftlich begründen und Beweismittel beilegen

Die Einsprache sollte sowohl
einen Antrag (was man anders
haben möchte) als auch eine Begründung aufweisen. Zudem sind
alle Beweismittel beizulegen (Foto-
kopie genügt). Will man persönlich
vorsprechen, um sein Anliegen zu
erläutern, so muss das ebenfalls
im Brief stehen. Sonst wird aufgrund der Akten entschieden – und
das kann Monate dauern.

Fortsetzung Seite 124

9
**Rechtsweg
und Steuer-
vergehen**

So lesen Sie die Steuerrechnung

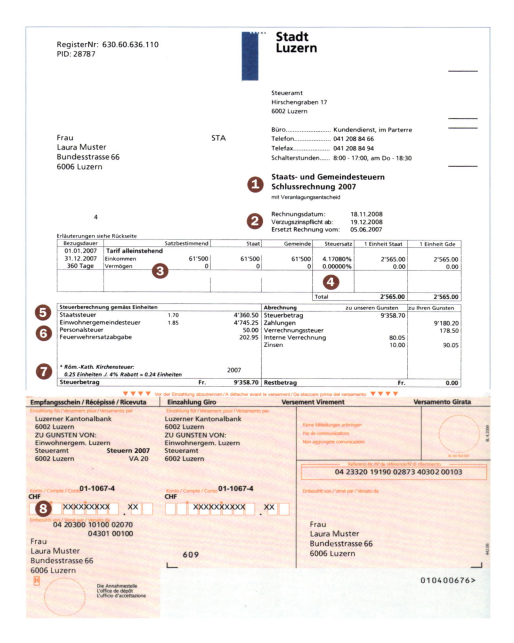

RegisterNr: 630.60.636.110
PID: 28787

Stadt Luzern

Steueramt
Hirschengraben 17
6002 Luzern

Büro.......................... Kundendienst, im Parterre
Telefon.................... 041 208 84 66
Telefax.................... 041 208 84 94
Schalterstunden...... 8:00 - 17:00, am Do - 18:30

Frau   STA
Laura Muster
Bundesstrasse 66
6006 Luzern

❶ Staats- und Gemeindesteuern
Schlussrechnung 2007
mit Veranlagungsentscheid

4

❷ Rechnungsdatum: 18.11.2008
Verzugszinspflicht ab: 19.12.2008
Ersetzt Rechnung vom: 05.06.2007

Erläuterungen siehe Rückseite

Bezugsdauer	Satzbestimmend		Staat	Gemeinde	Steuersatz	1 Einheit Staat	1 Einheit Gde
01.01.2007	Tarif alleinstehend						
31.12.2007	Einkommen	61'500	61'500	61'500	4.17080%	2'565.00	2'565.00
360 Tage	Vermögen ❸	0	0	0	0.00000%	0.00	0.00
					❹		
					Total	2'565.00	2'565.00

Steuerberechnung gemäss Einheiten			Abrechnung	zu unseren Gunsten	zu Ihren Gunsten
❺ Staatssteuer	1.70	4'360.50	Steuerbetrag	9'358.70	
Einwohnergemeindesteuer	1.85	4'745.25	Zahlungen		9'180.20
❻ Personalsteuer		50.00	Verrechnungssteuer		178.50
Feuerwehrersatzabgabe		202.95	Interne Verrechnung	80.05	
			Zinsen	10.00	90.05

❼ * Röm.-Kath. Kirchensteuer: 2007
0.25 Einheiten ./. 4% Rabatt = 0.24 Einheiten

Steuerbetrag	Fr.	9'358.70	Restbetrag	Fr.	0.00

▼▼▼▼ Vor der Einzahlung abzutrennen / A détacher avant le versement / Da staccare prima del versamento ▼▼▼▼

Empfangsschein / Récépissé / Ricevuta	**Einzahlung Giro**	**Versement Virement**	**Versamento Girata**
Einzahlung für / Versement pour / Versamento per	Einzahlung für / Versement pour / Versamento per		
Luzerner Kantonalbank	Luzerner Kantonalbank	Keine Mitteilungen anbringen	
6002 Luzern	6002 Luzern	Pas de communications	
ZU GUNSTEN VON:	ZU GUNSTEN VON:	Non aggiungete comunicazioni	
Einwohnergem. Luzern	Einwohnergem. Luzern		
Steueramt **Steuern 2007**	Steueramt		
6002 Luzern **VA 20**	6002 Luzern		

Referenz-Nr./N° de référence/N° di riferimento
04 23320 19190 02873 40302 00103

Konto / Compte / Conto **01-1067-4**   Konto / Compte / Conto **01-1067-4**
CHF   CHF

❽ ☐☐ XXXXXXXXX ☐ XX . ☐☐   ☐☐ XXXXXXXXX ☐ XX . ☐☐

Einbezahlt von / Versé par / Versato da
04 20300 10100 02070
04301 00100
Frau
Laura Muster
Bundesstrasse 66
6006 Luzern

609

Einbezahlt von / Versé par / Versato da
Frau
Laura Muster
Bundesstrasse 66
6006 Luzern

Die Annahmestelle
L'office de dépôt
L'ufficio d'accettazione

010400676>

1 Einsprache kann nur gegen die definitive Veranlagung geführt werden.

2 Das Datum ist von entscheidender Bedeutung. An diesem Tag beginnt die 30-tägige Einsprachefrist.

3 Der Tarif für Alleinstehende ist höher als für Verheiratete.

4 Der Steuersatz gibt die durchschnittliche Steuerbelastung an.

5 Der Staatssteuersatz ist für den ganzen Kanton identisch.

6 Der Steuersatz der Einwohnergemeinde unterscheidet sich von Gemeinde zu Gemeinde.

7 Bei Mischehen wird die Kirchensteuer nach Konfession erhoben.

8 Sind die Steuerraten pünktlich bezahlt worden, sind im Einzahlungsschein nur Sternchen, aber keine Restschuld aufgeführt.

Fortsetzung von Seite 121

Das Einspracheverfahren ist kostenlos. Bei der provisorischen Einschätzung können Sie noch keine Einsprache machen. Solange keine definitive Einschätzung vorliegt, kann man Sie wegen einer überfälligen Steuerzahlung in der Regel auch nicht betreiben.

Rekurs: Der Gerichtsweg kann teuer werden

Verläuft auch das Einspracheverfahren nicht wunschgemäss und ist man überzeugt, im Recht zu sein, so steht der Rekursweg offen. Letzte Instanz ist normalerweise das Verwaltungsgericht des Kantons (LU als einzige Rekursinstanz). Nur bei Verletzung des Bundesrechts (Bundessteuer) oder der Verfassung kann man mit einer staatsrechtlichen oder verwaltungsgerichtlichen Beschwerde bis vor Bundesgericht gehen. Dies zum Beispiel, wenn andere Steuerpflichtige in vergleichbarer Situation anders behandelt werden (Verletzung des Gleichheitsgebots der Bundesverfassung).

Abzuwägen ist aber unbedingt die mögliche Kostenfolge im Verhältnis zum allfälligen Gewinn durch den Rekurs. Denn im Gegensatz zur blossen Einsprache ist das Rekursverfahren nicht mehr kostenlos. Unterliegt man, so hat man neben seinen Anwaltskosten auch die Gerichtskosten zu bezahlen. Bekommt man Recht, erhält man auf Antrag allenfalls eine Entschädigung für seine Anwaltskosten, die in der Regel aber nur einem Beitrag an die effektiven Kosten entspricht. Die Rekursfrist beträgt 30 Tage.

Vergütungs- und Verzugszins

Wer seine gesamte Steuerrechnung sofort statt erst per Fälligkeit Ende September bezahlt, erhält je nach Kanton einen Vergütungszins zwischen 1 und 2 Prozent. Ausnahmen sind BE, GL, GR, NW, und OW; sie vergüten keinen Zins.

Da zu diesem Zeitpunkt erst provisorische Rechnungen vorliegen, ist es in vielen Kantonen zulässig, etwas höhere Zahlungen zu leisten und damit vom guten Zinssatz zu profitieren. Ein Skonto für Frühzahler gibt es beispielsweise beim Bund, in AG, BL, BS, GL, SO, SZ und ZG. Lag die provisorische Veranlagung zu hoch, so erstatten der Bund und die meisten Kantone einen Ausgleichszins auf die Differenz (1,5 bis 2,5 Prozent).

Wer den offiziellen Zahlungstermin um mehr als 30 Tage verpasst, zahlt überall Verzugszins zwischen 2 (ZG, ZH) und 5,5 Prozent (AG), meist zwischen 3,5 und 4,5 Prozent. Die Gemeinden sind frei, abweichende Zinssätze zu vergüten bzw. zu verlangen.

Steuerumgehung und Steuerhinterziehung

Steuervermeidung oder auch Steueroptimierung, wie es manchmal so schön heisst, ist durchaus legal, solange damit die Möglichkeiten gemeint sind, die im Gesetz und den Verordnungen vorgesehen sind. Kritischer wird es bei der Steuerumgehung. Sie ist ein Missbrauch des Gesetzes und im Graubereich der Legalität.

Laut Bundesgericht liegt eine Steuerumgehung dann vor, wenn «die Rechtsgestaltung ungewöhnlich, sachwidrig oder absonderlich und den wirtschaftlichen Gegebenheiten völlig unangemessen erscheint». Kurzum, wenn der Steuerpflichtige eine abstruse Konstruktion gewählt hat, die nichts anderem dient, als Steuern zu sparen.

Eindeutig ist das der Fall bei 100 Sparkonten mit einem Zinsertrag von je knapp unter 50 Franken, um die Verrechnungssteuer zu umgehen; vermutet wird eine Steuerumgehung oft bei fremdfinanzierten Versicherungen mit Einmalprämie (siehe Seite 68 f.).

Steuerumgehung ist nicht strafbar, aber es sind Nachsteuern auf den Betrag fällig, wenn die Behörden sie nicht schon im Veranlagungsverfahren erkannt haben.

Steuerhinterziehung: Fiskus kennt kein Pardon

Wer gegenüber den Steuerbehörden falsche Angaben macht, beispielsweise Einkommen oder Vermögen verschweigt, begeht Steuerhinterziehung. Deswegen wird zwar nicht gerade die Polizei aufmarschieren, aber es droht neben dem Nachsteuer- auch noch ein Steuerstrafverfahren. Der Fiskus belegt den hinterzogenen Betrag mit der Nachsteuer und zusätzlich mit einer Strafsteuer.

Je nach Höhe des Betrags, nach Schwere des Vergehens und nach Kanton beträgt die Strafsteuer das Einviertel- bis Fünffache der Nachsteuer. Zudem informieren zumindest AG, GL, OW, SG, SH, SO, SZ, UR und ZH auch die AHV-Ausgleichskasse über das Nachsteuerverfahren, die dann ihrerseits Nachforderungen stellt.

FRAGE

Muss ich trotz pünktlicher Zahlung Verzugszins zahlen?

Ich habe die Steuern stets pünktlich bezahlt. Nun verlangen die Steuerbehörden Verzugszins, obwohl ich nichts dafür kann, dass ich die definitive Rechnung erst heute erhalten habe. Ist das zulässig?

Ja, es handelt sich aber nicht um Verzugszins. Der Bund und die meisten Kantone dürfen sogenannte Ausgleichszinsen auch rückwirkend auf den Zeitpunkt der ordentlichen Fälligkeit von Steuern erheben. Dies in der Meinung, der Steuerpflichtige habe die Nachbelastung (mit-)verursacht, da nur eine provisorische Einschätzung mit anschliessender genauerer Prüfung erfolgen konnte. Zudem habe er Gelegenheit gehabt, das Geld seither zinsbringend anzulegen.

Dies ist allerdings stossend, wenn die Belastung nur erfolgt, weil die Steuerbehörden überlastet sind. Da man das Geld nach Rechnungstellung innert 30 Tagen einbezahlen muss, sind zinsbringende Anlagen in der Höhe des Ausgleichszinses oft kaum möglich. Immerhin: Wer zu viel bezahlt hat, erhält einen ebenso hohen Vergütungszins.

Wer denkt, falsche Angaben seien nicht so einfach zu überprüfen, irrt sich. Dank eines ausgeklügelten Systems von Meldungen und Quervergleichen sind die Steuerbehörden recht gut auf dem Laufenden. Solche Vergleiche nehmen sie u. a. vor zwischen:

- Arbeitgeber und Arbeitnehmer
- Vermieter und Mieter
- Käufer und Verkäufer von Liegenschaften
- Mitgliedern von Erbengemeinschaften
- Aktiengesellschaft und Aktionär bzw. Verwaltungsrat
- Gläubiger und Schuldner
- Lieferant und Einkäufer
- Mitgliedern von Gesellschaften

Steuerbussen an die Adresse der Erben eines Steuerhinterziehers, wie sie in der Schweiz üblich waren, verstossen jedoch gegen den Grundsatz der Unschuldsvermutung. Zu diesem Schluss gelangte der Europäische Gerichtshof für Menschenrechte. Solche Bussen dürfen die Behörden deswegen nicht mehr verhängen. Künftig dürfen die Behörden auch niemanden mehr zwingen, sich in einem Steuerstrafverfahren selbst zu belasten. Auch hier hat man das Recht, die Aussage zu verweigern.

Künftig wollen Bund und Kantone bei freiwilliger Selbstanzeige auf Strafsteuern verzichten und nur noch die Nachsteuern sowie die Verzugszinsen einfordern. Erben sollen bei Offenlegung der Steuerhinterziehung des Erblassers von der tieferen Nachsteuer profitieren. Statt wie bis anhin für zehn Jahre sollen sie nur noch für drei Jahre Nachsteuern bezahlen.

Steuerbetrug: Fehlbare werden hart angepackt

Wer trotz Mahnung überhaupt keine Steuererklärung einreicht, wird von den Steuerbehörden nach Ermessen eingeschätzt. Er muss ebenfalls Nach- und Strafsteuern bezahlen, sofern die Schätzung zu tief ausgefallen war. Zusätzlich kann es beim Bund und in den Kantonen wegen der Verweigerung der Mitwirkungspflicht zu Bussen bis zu 10 000 Franken (oder noch höher) kommen.

Wer in seiner Steuererklärung nicht nur falsche Angaben macht, sondern auch noch gefälschte oder unwahre Belege dazu liefert, macht sich des Steuerbetrugs, allenfalls auch der Urkundenfälschung schuldig. Solche Urkunden sind zum Beispiel der Lohnausweis oder Geschäftsbücher.

Auf Steuerbetrug steht Gefängnis oder Busse bis 30 000

FRAGE

Steuererlass in einer Notlage?

Wegen Arbeitslosigkeit bin ich ausser Stande, meine Steuerschulden zu begleichen. Kann ich einen Steuererlass verlangen?

Unter gewissen Voraussetzungen (z.B. andauernde Arbeitslosigkeit, Krankheit, geschäftliche Rückschläge) kann man – je nach Kanton – bei der kantonalen Finanzdirektion bzw. dem Gemeindesteueramt eine Steuerreduktion oder einen Steuererlass beantragen. Der Gesuchsteller muss nachweisen, dass er in einer Notlage

steckt und es ihm unmöglich ist, seine Steuern zu begleichen.

Aufgrund eines neueren Bundesgerichtsentscheids ist die Praxis nun aber verschärft worden. Jetzt lehnen die Behörden praktisch alle Erlassgesuche zunächst einmal ab. Erst wenn es zu einer Betreibung kommt, überprüfen sie die Notlage effektiv und bewilligen dann das Gesuch allenfalls. Immerhin: Auch Steuerschulden dürfen nicht eingetrieben werden, wenn der Pflichtige dadurch unter das Existenzminimum fällt.

Franken. Darüber hinaus sind Nachsteuern und ein Mehrfaches an Strafsteuern fällig. Auch das Bankgeheimnis bietet da keinen Schutz, denn in Steuerstrafverfahren sind auch die Banken auskunftspflichtig. Immerhin hat der Europäische Gerichtshof für Menschenrechte entschieden, dass sich ein Angeschuldigter in einem Steuerstrafverfahren nicht selbst belasten muss, wie das zuvor in der Schweiz üblich war.

Nach fünf Jahren verjährt das Recht, Steuern zu veranlagen. Bei Stillstand (das Verfahren geht nachher am gleichen Punkt weiter, an dem es zum Stillstand kam) oder Unterbrechung (das Verfahren wird von Anfang an wieder völlig neu aufgerollt) dieser Frist tritt 10 bis 15 Jahre nach Ablauf der betreffenden Steuerperiode in der Regel die definitive Verjährung ein.

10 Die 20 wichtigsten Tipps zum Steuernsparen

1. Falls Sie sehr mobil sind oder ohnehin Ihren Wohnort wechseln wollen: Nehmen Sie Wohnsitz in einem Kanton und in einer Gemeinde mit deutlich unterdurchschnittlicher Steuerbelastung: NW, SZ, ZG oder ZH (siehe Tabellen auf den Seiten 18, 20 und 24 ff.).

2. Profitieren Sie vom Doppelverdienerabzug, wenn beide Ehepartner erwerbstätig sind (Tabelle Seite 16). Die allermeisten Kantone lassen auch einen Abzug für die Kinderbetreuung zu (Tabelle Seite 40).

3. Treten Sie aus der Kirche aus, falls Sie ohnehin die Beziehung dazu verloren haben. Dann entfällt auch die Kirchensteuer (siehe Seite 22).

4. Statt einer Lohnerhöhung: Sprechen Sie mit Ihrem Arbeitgeber über die Ausrichtung von Pauschalspesen, Lohnnebenleistungen («Fringe Benefits») und die Mitgliedschaft bei einer Kaderversicherung (siehe Seite 8 ff. und Seite 51).

5. Denken Sie an alle Abzugsmöglichkeiten bei den Berufsauslagen wie Arbeitsweg, auswärtige Verpflegung, privates Arbeitszimmer, Umschulung und Weiterbildung etc. (siehe Seite 29 ff.).

6. Nehmen Sie alle persönlichen Abzüge vor: für Sie selbst, Ihre Familie und die Menschen, die auf Ihre Unterstützung angewiesen sind (siehe Seite 35 ff. und Tabellen auf den Seiten 36 und 40).

7. Rechnungen von Ärzten, Zahnärzten und Apotheken können Sie überall vom Einkommen abziehen (siehe Seite 38 f.).

8. Zeigen Sie sich wohltätig: Spenden können Sie in allen Kantonen von der Steuer absetzen (siehe Kasten Seite 38).

9. Falls das ohnehin ein Ziel für Sie ist: Machen Sie sich selbständig. Der Ermessensspielraum bei den berufsbedingten Aufwendungen ist viel grösser als für Angestellte (siehe Seite 42 ff.).

10. Zahlen Sie den maximal zulässigen Betrag in Ihre Pensionskasse nach. Die Einlagen sind steuerfrei, die Kapitalzahlungen erfolgen zu einem stark reduzierten Tarif (siehe Seite 51 ff.).

11. Richten Sie mehrere Konten der Säule 3a ein. Die Prämien sind bis zu einem Maximalbetrag steuerbefreit. Die Rückzahlung erfolgt unabhängig vom übrigen Einkommen zu einem günstigeren Tarif. Bei gestaffeltem Bezug kann zudem die Progression unterlaufen werden (siehe Seite 57 ff.).

12. Legen Sie Ihr Vermögen so an, dass es möglichst viel Gewinn (steuerfrei), aber nur bescheidene Erträge (steuerpflichtig) abwirft. Aktien rentieren nicht zuletzt wegen der Steuervorteile besser als festverzinsliche Anlagen, sind aber auch risikoreicher (siehe Seite 60 ff.).

13. Fordern Sie unbedingt die Verrechnungssteuer zurück. Bereits nach drei Jahren ist der Anspruch verjährt (siehe Seite 65 f.).

14. Schliessen Sie eine Lebensversicherung mit Einmalprämie ab. Die Rückzahlung samt Kapitalertrag und Überschussanteilen erfolgt steuerbefreit (siehe Seite 66 ff.).

15. Begünstigen Sie Ihren Konkubinatspartner über eine Todesfallrisiko-Versicherung oder die Säule 3a (Letzteres ist nur möglich, sofern weder Ehepartner noch Kinder vorhanden sind). Das ist häufig günstiger als Erbschaftssteuern zu bezahlen (siehe Seite 66 ff. und Seite 114).

16. Machen Sie Schulden nicht aus der Not, sondern aus steuerlichen Überlegungen heraus: Jede Art von Schuldzinsen (z. B. auf Hypothek, Darlehen etc.) dürfen Sie vom Einkommen abziehen. Die Schuld selbst geht zusätzlich vom Vermögen ab (siehe Seite 78 ff. und Seite 87).

17. Privates Wohneigentum bringt Steuervorteile, weil Sie neben den Schuldzinsen auf die Hypothek auch eine grosszügige Unterhaltspauschale in Abzug bringen dürfen (siehe Seite 83 und 87).

18. Lassen Sie Ihre Kinder nicht gratis in Ihrem Haus wohnen, sondern vermieten Sie es ihnen zum Billigpreis. Statt auf den hohen Eigenmietwert zahlen Sie dann nur noch auf die tiefen Mietzinseinnahmen Steuern (siehe Seite 82).

19. Kaufen Sie eine Liegenschaft in SZ. Als einziger Kanton kennt SZ keine Erbschaftssteuern. Und Häuser bzw. Grundstücke werden beim Erbgang ausschliesslich dort besteuert, wo sie sich befinden (siehe Seite 109).

20. Verschenken Sie Ihre Liegenschaft noch zu Lebzeiten, aber lassen Sie sich dafür ein lebenslängliches Nutzungs- oder Wohnrecht einräumen. Dieses Recht belastet die Liegenschaft so stark, dass kaum mehr Schenkungssteuern anfallen (siehe Seite 110 ff.).

Nützliche Adressen
Hier erhalten Sie Auskunft und Beratung

Steuerverwaltungen

Bund
Eidgenössische
Steuerverwaltung
Hauptabteilung
Direkte Bundessteuer
Eigerstrasse 65
3003 Bern
Telefon   031 322 71 06
Telefax   031 322 73 49
www.estv.admin.ch
ist@estv.admin.ch
Kursliste: www.estv.admin.ch/
data/index-d.htm

Aargau
Kantonales Steueramt
Telli-Hochhaus
5004 Aarau
Telefon   062 835 25 30
Telefax   062 835 25 39
www.steuern.ag.ch
steueramt@ag.ch

Appenzell AI
Kantonale Steuerverwaltung
Innerrhoden
Marktgasse 2
9050 Appenzell
Telefon   071 788 94 01
Telefax   071 788 94 19
www.steuern.ai.ch
steuern@ai.ch

Appenzell AR
Kantonale Steuerverwaltung
Ausserrhoden
Gutenberg-Zentrum
9102 Herisau 2
Telefon   071 353 63 21
Telefax   071 353 63 11
www.ar.ch/steuerverwaltung
steuerverwaltung@ar.ch

Basel-Landschaft
Kantonale Steuerverwaltung
Rheinstrasse 33
4410 Liestal
Telefon   061 925 51 11
Telefax   061 925 69 94
www.steuern.bl.ch
steuerverwaltung@fkd.bl.ch

Basel-Stadt
Steuerverwaltung des
Kantons Basel-Stadt
Fischmarkt 10
4001 Basel
Telefon   061 267 46 46
Telefax   061 267 42 82
www.steuerverwaltung.bs.ch
steuerverwaltung@bs.ch

Bern
Steuerverwaltung des
Kantons Bern
Postfach 8334
3011 Bern
Telefon   0848 844 411
Telefax   031 633 40 10
www.sv.fin.be.ch
info.sv@fin.be.ch

Freiburg
Kantonale Steuerverwaltung
Rue Joseph-Piller 13
1700 Freiburg
Telefon   026 305 11 11
Telefon   026 305 32 76 (dir.)
www.fr.ch/scc/de

Genf
Administration fiscale cantonale
Rue du Stand 26
1211 Genève 3
Telefon   022 327 70 00
Telefax   022 327 55 97
www.getex.ch

Glarus
Kantonale Steuerverwaltung
Hauptstr. 11/17, 8750 Glarus
Telefon   055 646 61 50
Telefax   055 646 61 98
www.gl.ch
steuerverwaltung@gl.ch

Graubünden
Kantonale Steuerverwaltung
Steinbruchstrasse 18/20
7001 Chur
Telefon   081 257 33 32 (dir.)
Telefax   081 257 21 55
www.stv.gr.ch
steuererklaerung@stv.gr.ch

Jura
Service cantonal
des contributions
Rue de la Justice 2
2800 Delémont
Telefon   032 420 56 00
Telefax   032 420 56 10
www.juratax.ch
secr.ctr@jura.ch

Luzern
Kantonale Steuerverwaltung
Buobenmatt 1, 6002 Luzern
Telefon   041 228 51 11
Telefax   041 228 66 37
www.steuern.lu.ch
stv@lu.ch

Neuenburg
Service cantonal
des contributions
Rue du Docteur-Coullery 5
2301 La Chaux-de-Fonds
Telefon   032 889 64 20
Telefax   032 919 60 85
www.ne.ch/impots
service.contributions@ne.ch

Nidwalden
Kantonales Steueramt
Bahnhofplatz 3, 6371 Stans
Telefon   041 618 71 34
Telefax   041 618 71 39
www.steuern/nw.ch
steueramt@nw.ch

Obwalden
Kantonale Steuerverwaltung
St.-Antoni-Strasse 4
6061 Sarnen
Telefon   041 666 62 94
Telefax   041 660 11 49
www.obwalden.ch
steuerverwaltung@ow.ch

St. Gallen
Kantonale Steuerverwaltung
Postfach 1245
Davidstrasse 41
9001 St.Gallen
Telefon   071 229 41 64
Telefax   071 229 41 02
www.steuern.sg.ch
ksta.steuerfragen@sg.ch

Schaffhausen
Kantonale Steuerverwaltung
J. J. Wepferstrasse 6
8200 Schaffhausen
Telefon   052 632 72 40
Telefax   052 632 72 98
www.steuern.sh.ch
sekretariat.stv@sh.ch

Schwyz
Kantonale Steuerverwaltung
Bahnhofstrasse 15
6431 Schwyz
Telefon   041 819 11 24
Telefax   041 819 23 49
www.sz.ch/etax
stv.fd@sz.ch

Solothurn
Kantonale Steuerverwaltung
Werkhofstrasse 29c
4509 Solothurn
Telefon   032 627 87 87
Telefax   032 627 87 00
www.steueramt.so.ch
steueramt.so@fd.so.ch

Tessin
Divisione delle contribuzioni
Via S. Franchini 6
6501 Bellinzona
Telefon   091 814 39 58
Telefax   091 814 44 88
www.ti.ch/fisco
dfe-dc@ti.ch

Thurgau
Kantonale Steuerverwaltung
Schlossmühlestrasse 15
8501 Frauenfeld
Telefon   052 724 11 11
Telefon   052 724 14 02 (dir.)
Telefax   052 722 14 00
www.tg.ch/steuern

Uri
Kantonale Steuerverwaltung
Haus Winterberg, 6460 Altdorf
Telefon   041 875 22 44
Telefax   041 875 21 40
www.ur.ch/steuern
steueramt@ur.ch

Waadt
**Administration
cantonale des impôts**
Route de Chavannes 37
1014 Lausanne
Telefon   021 316 21 21
Telefax   021 316 21 40
www.aci.vd.ch
info.aci@vd.ch

Wallis
Kantonale Steuerverwaltung
Bahnhofstrasse 35
1951 Sitten
Telefon   027 606 24 50/51
Telefax   027 606 24 54
www.vs.ch/vstax
scc@admin.vs.ch

Zug
Kantonale Steuerverwaltung
Bahnhofstrasse 26
Postfach 160
6301 Zug
Telefon   041 728 33 11
Telefon   041 728 26 11 (dir.)
Telefax   041 728 37 62
www.zug.ch/tax
E-Mail-Maske auf der Website

Zürich
Kantonales Steueramt
Bändliweg 21
Postfach
8090 Zürich
Telefon   043 259 11 11
Telefax   043 259 41 08
www.steueramt.zh.ch
info@kdmz.zh.ch

Beratung und Information

Informationsstelle für Steuerfragen
Eigerstrasse 65
3003 Bern
Telefon   031 322 71 48
Telefax   031 322 73 49
www.estv.admin.ch
ist@estv.admin.ch

Schweizerische Kammer der Bücher-, Steuer- und Treuhandexperten
Limmatquai 120
8001 Zürich
Telefon   044 267 75 75
Telefax   044 267 75 85
www.treuhand-kammer.ch
dienste@treuhand-kammer.ch

Schweizerischer Treuhänder-Verband
Postfach 81
3001 Bern 6
Telefon   031 382 10 58
Telefax   031 352 90 08
www.stv-usf.ch
info@stv-usf.ch

Swissconsultants.ch
Postfach
4900 Langenthal
Telefon 062 50 00
www.swissconsultants.ch
info@swissconsultants.ch

Dr. Thomas Fischer
Steuer-, Vermögens- und Vorsorgeberater
Blegistrasse 11b
6340 Baar
Telefon   041 786 11 55
Telefax   041 768 11 66
www.dr-fischer-partner.ch

Tribut AG
Albisstrasse 33
8143 Adliswil
Telefon   044 711 84 11
Telefax   044 711 84 12
www.tribut.ch/news/
pages_n/news.html

VZ VermögensZentrum
Beethovenstrasse 20–24
8002 Zürich
Telefon   044 207 27 27
Telefax   044 207 27 28
www.vzonline.ch
www.vermoegenszentrum.ch

Schweizerischer Hauseigentümerverband
Mühlebachstrasse 70
8032 Zürich
Telefon   044 254 90 20
Telefax   044 254 90 21
www.hev-schweiz.ch
info@hev-schweiz.ch

Links und Fachliteratur
Zum Thema Steuern, Geld und Vorsorge

Informationsstelle für Steuerfragen
www.estv.admin.ch

Gesetze und Rechtsprechung
www.admin.ch
www.gesetze.ch
www.swiss-tax.ch (auch Tipps)
www.weblaw.ch

Fachinformation
www.treuhaender.ch
www.steuerkonferenz.ch

Steuerberechnungen
www.estv.admin.ch
www.money-net.ch
www.credit-suisse.com
www.ubs.com
www.finanzweb.ch
www.postfinance.ch
www.konsuminfo.ch
www.kantonalbank.ch
www.liberty-stiftung.ch

Internationale Steuerinformationen
www.taxsites.com
international.html
http://links.kpmg.ch

Vorsorgeforum
Daten und Fakten zur beruflichen Vorsorge
www.vorsorgeforum.ch

Archiv für Schweizerisches Abgaberecht
77. Band, Geiger AG, Bern 2007

Adolf Beeler, Rolf Fölmi
Meine Steuererklärung, 9. Auflage, Cosmos-Verlag, Muri-Bern 2007/08

Ernst Blumenstein, Peter Locher
System des Schweizerischen Steuerrechts, 6. Auflage, Schulthess Verlag, Zürich 2002

Erich Bosshard, Philippe Funk
Steueroptimierte Gehaltsnebenleistungen, Cosmos-Verlag, Muri-Bern 2001

Bundesgerichtsentscheide in Steuersachen
1875 – 2005, Cosmos-Verlag, Muri-Bern 2006

Urs Bürgi, Urs Hochuli
Erbratgeber für Eigentümer, Schweizerischer Hauseigentümerverband (Hg.), Zürich 2001

Andrea Dinevski, Nicola Waldmeier
Pensionierung planen, 2. Auflage, VZ Vermögens-Zentrum, Zürich 2006

Eidg. Steuerverwaltung (Hg.)
Die Steuern der Schweiz, 4 Teile, 16 Bände, Verlag für Recht und Gesellschaft, Therwil 2000

Thomas Fischer,
Werner A. Räber
Persönliche Steuer- und
Vorsorgeplanung,
4. Auflage, Cosmos-Verlag,
Muri-Bern 2002

Thomas Gabathuler
Erben und Vererben, 6. Auflage
Saldo-Ratgeber, Zürich 2005

Daniel R. Gygax
Die Steuergesetze des Bundes,
7. Auflage, Cosmos-Verlag,
Muri-Bern, 2006

Fredy Hämmerli (u.a.)
Die eigenen vier Wände,
K-Tipp-Ratgeber, 3. Auflage,
Konsumenteninfo AG,
Zürich 2005

Fredy Hämmerli (u.a.)
Erfolgreich als Kleinunternehmer,
K-Tipp-Ratgeber, 2. Auflage
Konsumenteninfo AG,
Zürich 2005

HEV Schweiz (Hg.)
Steuerratgeber für
Wohneigentümer, Bern 2006

Ernst Höhn, Robert Waldburger
Steuerrecht, 9. Auflage,
Verlag Paul Haupt, Bern 2001

Ernst Höhn, Peter Mäusli
Interkantonales Steuerrecht,
5. Auflage, Verlag Paul Haupt,
Bern 2000

Interkantonale Kommission für
Steueraufklärung (Hg.)
Das schweizerische
Steuersystem, 15. Auflage,
Bern 2007

Interkantonale Kommission für
Steueraufklärung (Hg.)
Steuerinformationen
(2 Bände), Bern 2006

Daniel Jungo, Wolfgang Maute
Lebensversicherungen und
Steuern, Cosmos-Verlag,
Muri/Bern 2003

Michael Leysinger
444 Steuerabzüge
Legatex-Leysinger,
Solothurn 2003

Heini Lüthy, Daniel von Gross
Steuern leicht gemacht
Beobachter-Verlag, Zürich 2007

Peter Mäusli-Allenspach,
Matthias Oertli
Das schweizerische Steuerrecht,
4. Auflage, Cosmos-Verlag,
Muri-Bern 2006

Ernst Meierhofer, Stefan
Thurnherr, Nicola Waldmeier
So sind Sie richtig versichert,
K-Tipp-Ratgeber,
Konsumenteninfo AG, 3. Auflage,
Zürich 2006

Matthias Reinhart
SteuerTip, 4. Auflage,
Carl Ueberreuter, Wien 2003

Frank Rutishauser (u.a.)
Steuern und Immobilien,
Verlag Hauseigentümerverband
Schweiz, Zürich 2007

Hans Ulrich Staufer
Gut Vorsorgen: Pensionskasse,
AHV, 3. Säule, Saldo-Ratgeber
14. Auflage, Zürich 2007

Walter Sterchi
Steuerplanung KMU,
Cosmos-Verlag, Muri-Bern 2005

Steuer Revue
Monatshefte, 62. Jahrgang,
Cosmos-Verlag, Muri-Bern 2007

Otmar Tschümperlin (Hg.)
Das aktuelle Steuerhandbuch,
23. Aktualisierung,
Weka Verlag AG, Zürich 2007

**Giulio Vitarelli, Serge Lutgen,
Nicola Waldmeier**
Erben und Schenken, 3. Auflage,
VZ VermögensZentrum,
Zürich 2004

Nicola Waldmeier
Steuern sparen,
VZ VermögensZentrum,
Zürich 2005

Hans Wipf (Hg.)
Die aktuellen Steuerhandbücher,
Kantone allgemeiner Teil: Teil 1
(ZH, ZG, LU, SH, TG, SG, GR, FL);
Teil 2 (ZH, BE, SO, AG, BS, BL,
NW, SZ, TI), Weka Kompetent,
Zürich 2004

Martin Zweifel, Peter Athanas
Kommentar zum schweizerischen
Steuerrecht, 2. Auflage,
Verlag Helbling & Lichtenhahn,
Zürich 2008

Verwendete Abkürzungen

Kantone

AG	Aargau
AI	Appenzell-Innerrhoden
AR	Appenzell-Ausserrhoden
BE	Bern
BL	Basel-Landschaft
BS	Basel-Stadt
FR	Freiburg
GE	Genf
GL	Glarus
GR	Graubünden
JU	Jura
LU	Luzern
NE	Neuenburg
NW	Nidwalden
OW	Obwalden
SG	St. Gallen
SH	Schaffhausen
SO	Solothurn
SZ	Schwyz
TG	Thurgau
TI	Tessin
UR	Uri
VD	Waadt
VS	Wallis
ZG	Zug
ZH	Zürich

Übrige verwendete Abkürzungen

AHV	Alters- und Hinterlassenen-versicherung
ALV	Arbeitslosenversicherung
BVG	Berufsvorsorgegesetz
EO	Erwerbsersatzordnung
IV	Invalidenversicherung
MV	Militärversicherung
UVG	Unfallversicherungsgesetz

Stichwortregister